————————— 님의 소중한 미래를 위해
이 책을 드립니다.

내 생애 첫 심리학

내 생애 첫 심리학

PSYCHOLOGY

박준성 지음

심리학을 처음 공부하는 사람이 꼭 알아야 하는 것

메이트북스

메이트북스 우리는 책이 독자를 위한 것임을 잊지 않는다.
우리는 독자의 꿈을 사랑하고,
그 꿈이 실현될 수 있는 도구를 세상에 내놓는다.

내 생애 첫 심리학

초판 1쇄 발행 2021년 3월 10일 **┃ 초판 2쇄 발행** 2021년 5월 3일 **┃ 지은이** 박준성
펴낸곳 ㈜원앤원콘텐츠그룹 **┃ 펴낸이** 강현규·정영훈
책임편집 김나윤 **┃ 편집** 안정연·유지윤·오희라 **┃ 디자인** 최정아
마케팅 김형진·이강희·차승환 **┃ 경영지원** 최향숙·이혜지 **┃ 홍보** 이선미·정채훈
등록번호 제301-2006-001호 **┃ 등록일자** 2013년 5월 24일
주소 04607 서울시 중구 다산로 139 랜더스빌딩 5층 **┃ 전화** (02)2234-7117
팩스 (02)2234-1086 **┃ 홈페이지** blog.naver.com/1n1media **┃ 이메일** khg0109@hanmail.net
값 18,000원 **┃ ISBN** 979-11-6002-323-7 03180

내가 바뀌면 세계가 바뀐다.

• 알프레드 아들러(정신의학자) •

심리학 공부를
시작하는 사람들에게

처음 심리학을 배우기 시작한 분들이 '심리학을 알아야 하는 이유'를 내게 종종 물어보곤 한다. 그럴 때마다 나는 "심리학을 배우면 생각을 바꿀 수 있기에 세상이 달라집니다"라고 말씀드리곤 한다. 심리학을 배우면 정말 우리의 삶이 좋아질까? 또는 달라질까?

이 예를 통해서 설명해보겠다. 컵에 물이 반 정도 담겨 있다. 이를 보고 어떻게 생각해야 하는 것일까? '컵에 물이 반밖에 안 남았다'와 '컵에 물이 반이나 남았다', 둘 중 어느 쪽을 선택해야 할까?

우리는 당연히 '컵에 물이 반이나 남았다'는 쪽을 선택할 것이라고 답할 것이다. 그런데 막상 긴박한 상황이라면 어떨까? 대부분의 선택은 '컵에 물이 반밖에 안 남았다'는 쪽일 것이다. 왜냐하면 상황에 대한 압박감을 무시할 수 없기 때문이다.

그런데 심리학에서는 이런 상황에서의 압박을 잘 대처해낼 수 있도록 메시지를 전하고 있다. 그렇기에 우리는 심리학이 무엇을 전하고 있는지를 알아야 한다. 너무 당황하면 일을 그르칠 수 있지만, 이를 대비하면 충분히 대처할 수 있다.

심리학은 여러 상황에서 충분히 대처할 수 있도록 우리의 생각(인지), 느낌(정서), 행동에 대해 과학적으로 이해를 도모한다. 그래서 우리는 심리학을 과학적 심리학scientific psychology이라고 부른다.

예전에 이런 말을 들었던 적이 있다. 심리학이 인간 행위를 적절하게 설명하지 못한다면 심리학은 점점 사라지는 학문이 될 것이라고 말이다.

다양한 영역에서 인간의 심리와 관련된 문제들이 발생하고 있다. 이 문제들을 해결하기 위해서는 인간 행위에 대해 객관적인 데이터를 바탕으로 그 이유를 찾고(원인 분석), 그 행위를 이해하며(결과), 행위에 대한 변화(심리학적 솔루션. 예로 코칭, 상담, 심리치료 등) 과정이 진행되어야 한다.

이 책은 이러한 질문에 대답하는 과정에서 출발했다. 이 책의 순서를 보면 심리학이 출현한 시기부터 시작해서 현대 심리학의 다양한 관점을 소개하고, 각 심리학 주제마다 일상에서 심리학을 어떻게 이해하고 적용해야 하는지에 대해 친절하게 소개하고 있다.

오늘날 심리학은 인간 행위에 직·간접적으로 연결되어 있다. 그래서 심리학에 대한 배경지식 없이는 사람들이 어떤 이유를 갖고 어떻게 살고 있는지를 이해하기가 어렵다.

이뿐만 아니라 심리학 지식은 생각보다 방대하다. 이 책이 다루고 있는 내용은 그에 비해 제한적일 수 있다. 또한 이 책에서 소개한 내용이 결코 '완전하다'고 말하기 어렵다. 다만 이 책이 심리학을 처음 공부하는 모든 분에게 심리학을 체계적으로 이해하는 데 도움을 드릴 수 있다고 확신한다.

인간 행위에 대해 설명하는 심리학을 독자에게 조금이나마 쉽게 다가가도록 최선을 다했다. 다만 부족함과 아쉬움은 앞으로도 수정·보완할 것이고, 이 책의 완성도를 높이는 데 노력할 것이다.

오래전부터 심리학 지식을 교양 심리학으로 담아내 대중들과 만나는 자리를 마련했으면 좋겠다는 생각이 간절했다. 출판의 기회를 마련해주신 메이트북스에 감사의 마음을 전한다.

이 책을 낼 수 있게 지금까지 물심양면으로 희생하며 키워주시고 가르쳐주신 부모님께 진심으로 사랑과 감사의 말씀을 드리고, 사랑하는 아내와 아이들, 가족 모두에게 감사의 마음을 전한다. 아울러 심리학자로서 다양한 영역에서 활동할 수 있게 큰 가르침을 주신 여러 교수님과 선후배, 동료들에게도 감사의 마음을 전한다.

『내 생애 첫 심리학』이 일상에서 우리의 질문에 대한 답을 충분히 주지 않을지라도, 인간을 이해하고 윤택하고 충만한 삶과 희망을 갖고 살 수 있게 도와줄 수 있는 길이 되기를 바란다. 아무쪼록 이 책을 통해 심리학을 공부하는 모든 분이 자신과 타인을 이해하고, 세상과 함께 나누며 실천하는 장이 되기를 희망하는 바다.

박준성

3장

한 개인의 전생애 발달

4장

학습과 행동

5장

기억과 사고

6장

동기와 정서

7장

성격에 대한 이해

8장

사회 속의 개인

9장

스트레스와 건강심리학

- 심리학_인간의 행위에 관해 과학적으로 답하다
- 분야_매우 다양한 심리학 분야가 존재한다

1

심리학이란
무엇인가

사람들에게 심리학을 공부하고 있다고 말하면, 그들은 대뜸 이렇게 물어본다.

"지금 무슨 생각하고 있는 줄 알아?"

"지금 내 마음을 다 읽고 있는 거 아냐?"

"내 성격이 어떤 것 같아?"

이런 질문을 듣다 보면 사람들이 심리학을 어떻게 생각하는지를 조금이나마 짐작할 수 있다. 그들은 심리학을 통해 자신이 몰랐던 무언가를 알 수 있을 거라고 기대한다. 그런데 여기서 하나 짚고 넘어가자면, 심리학은 독심술이 아니다. 단순히 사람의 마음과 행동을 읽는 것이 아니다.

심리학은 사람들이 살아가는 사회에서 인간의 정신과정과 행동을 과학적으로 예측하고 통제하는 학문이다. 우리는 이 점을 기억해야 한다. 심리학은 타고난 속성과 환경의 상호작용을 함께 고려하며 인간의 정신과정, 즉 인지와 정서 그리고 행동을 연구하고 이해하며 대처하는 데 관심을 두는 학문이다.

심리학_인간의 행위에 관해
과학적으로 답하다

심리학psychology은 인간의 정신과정mental processing과 행동behavior을
과학적으로 예측하고 통제하는 학문이다.

과거로 거슬러 가서 오랜 인류 역사를 살펴보면, 사람들은 끊임
없이 무언가를 생각하고 느끼고, 왜 그렇게 행동하는지에 관한 질
문을 계속해왔다. 그리고 그 답을 찾고자 노력했다. 앞으로도 질문
하고 답을 찾는 과정이 계속될 것이다. 질문에 대한 답을 구하는
학문 중에서 인간의 행위(인지-정서-행동)에 관해 과학적으로 답하
는 학문 분야가 바로 심리학이다.

심리학이라는 학문이 시작되기 이전에도 인간에 관한 근원적인
질문과 그에 관한 답을 구하려는 노력은 있었다. 다만 분명한 것은
심리학이라는 학문이 인간의 행위에 답하기 시작한 것이 1879년
이었다는 점이다. 이때부터 근대 심리학의 막이 열렸다.

심리학 최초의 실험실

심리학은 1879년 12월 독일 라이프치히대학교의 심리학 실험실에서 출발하게 되었다. 그 출발점은 빌헬름 분트Wilhelm Wundt에 의해서였다. 그는 인간의 마음을 물리학이나 화학 원소처럼, 즉 자연과학처럼 연구하는 데 관심이 있었다.

분트는 심리학의 원소가 '감각과 느낌'이라고 주장했고, 이 구체적인 마음의 원소가 복합적인 경험을 이루는 것이라고 했다. 반대로 복합적인 경험을 쪼개서 나눠보면 마음의 원소로 돌아갈 수 있다고 했는데, 이를 '내성introspection'이라고 명명했다.

이렇게 시작된 심리학은 다양한 관점에서 발전했다. 그 결과 심리학의 초기 관점인 구조주의적 관점과 기능주의적 관점에서부터 행동주의적 관점, 정신분석적 관점, 인본주의적 관점, 생리심리학적 관점, 인지주의적 관점 등 다양한 관점으로 분화되었다. 인간의 인지와 정서 그리고 행동에 관한 심리학적 질문과 그에 관해 답하고 있다.

다양해진 심리학의 여러 관점

구조주의 관점structuralism은 분트의 제자인 티치너Titchener가 인간의 행위에 관해 자기반성적인 내성을 통해서 분석하면서 발전되었다. 물리학이나 화학처럼 물질의 구조를 분석하듯이 말이다. 마음을 구성하는 구조들, 특히 감각, 느낌, 심상 같은 것을 밝히려는 시도였다.

그러나 여기에는 한계가 있었다. 인간의 마음을 과학적으로 분석하는 측면은 인정받을지 몰라도 인간의 행위에 관한 내성이 쉽지 않았다는 것이다. 언어적으로 충분히 발달한 건강한 성인도 자신을 되돌아보는 내성이 쉽지 않았다.

윌리엄 제임스^William James는 기능주의 관점^functionalism을 발전시킨 인물로, 그는 심리학에 관한 마음의 원소, 즉 '마음이 무엇인가'보다는 '마음이 무엇을 하는가'에 관심을 가졌다. 그는 '사람이 유용한 행동을 어떻게 만들어내는지'를 알고 싶어 했다. 즉 의도를 중요하게 생각했고, 마음은 기능하는 것이자 움직이는 것이라고 강조했다.

분트와 티치너는 감각, 심상, 감정에 초점을 두었고, 제임스는 의식의 흐름에 초점을 두었다. 구조주의적 관점과 기능주의적 관점은 초기 심리학 영역에서 중요한 자리를 차지하고 있었지만 한계점도 있었다. '마음을 과학적으로 검증할 수 있는가?'라는 문제였다. 이러한 한계점의 대안으로 행동주의^behaviorism 관점이 대두되었다.

구조주의와 기능주의에서 설명하는 마음이나 의식을 과학적으로 검증하기가 어렵다는 한계점의 대안으로 왓슨^Watson은 심리학을 행동^behavior으로 설명하고자 했다. 행동주의 심리학자들은 '관찰 가능한 행동'에 집중하며 심리학을 연구했다. '과학^science은 검증 가능하고 관찰 가능해야 한다'는 전제하에 감각, 감정, 사고보다는 행동에 집중했다. 왜냐하면 행동은 직접적으로 관찰이 가능한 행위이기 때문이다.

정신분석psychoanalysis 관점은 정신의학에서 시작되었다. 프로이트Freud는 인간의 아동기적 경험에 관한 무의식적 사고와 정서가 행동에 영향을 미친다고 강조했다. 프로이트는 신경증(히스테리)을 보이는 환자들을 토대로 과거에 해결되지 않은 상처를 치료함으로써 심리적인 건강함을 찾아주고자 노력했다.

인본주의 관점humanistic은 정신분석과 행동주의 관점의 한계에서 비롯되었다. 로저스Rogers는 아동기의 무의식적인 기억과 의식, 관찰이 가능한 행동에만 초점을 두지 말고, 인간 본연의 사고나 정서에 집중하며 현재의 환경에서 성장 가능한 잠재력을 촉진해 자기실현에 초점을 두어야 한다고 주장했다.

심리학은 계속 인간에 관해서 설명하고 있지만, 여전히 한계가 있다. 그 이유는 인간을 '합리적 의사결정자'라고 할 때 합리성rationalism이 어디에서 비롯되는지 심리학에서 정의하고 설명하기가 어렵기 때문이다. 이를 극복하려는 관점이 인지주의적cognition 관점이다.

기존 형태주의, 게슈탈트gestalt 관점을 토대로 발전한 심리학인 인지심리학cognitive psychology은 주어진 정보를 지각하고, 처리하고, 기억해내고, 풀어가는 방식을 과학적으로 탐구하는 영역이다. 인지심리학자들은 심리적 과정을 객관적으로 밝히고자 노력했다.

이러한 노력은 1960년 이후부터 계속해서 발전하고 있는데, 그당시 인지심리학 영역에 관한 혁명과 같다고 해서 이를 인지혁명

cognitive revolution 이라고 말하기도 했다.

이러한 심리학 관점에서 더 나아가 생물심리학biological psychology 관점도 중요했다. 보이지 않고 만져지지 않는 형이상학적인 마음을 연구하기 위해서는 마음의 출발점인 뇌brain를 알아야 하기 때문이다. 모든 정신 과정은 뇌 및 신경계의 활동과 관련되어 있다고 해도 과언이 아니다. 생물심리학은 인간의 뇌를 다양한 뇌의 영역과 1천억 개 이상의 신경세포와 무수한 신경세포 간의 연결로 신체 내부에서 일어나는 전기적 활동 및 화학적 활동을 통해 정신 및 행동에 관해 설명하고자 한다.

앞서 소개한 인지주의와 생물학적 관점 등이 만나서 인지신경과학cognitive neuroscience 영역이 생겼다. 이는 마음의 인지적 관점과 뇌의 신경과학이 융합된 영역이다. 정신 활동에 관한 뇌의 연구와 인지적 처리과정을 연구하는 학문이다. 이와 같이 심리학의 여러 관점은 심리학의 3가지 분석 수준을 만들었다.

심리학의 3가지 분석 수준

현대 심리학에서는 인간을 다양하게 분석하고 해석하기 위해 생물·심리·사회적 접근biopsychological approach을 통해서 살펴본다. 다음 페이지의 그림 〈심리학의 생물·심리·사회문화적 영향〉에서 보듯이, 이 접근은 생물학적 요인, 심리적 요인, 사회문화적 요인의 영향을 고려해서 설명하는 접근 방식이다.

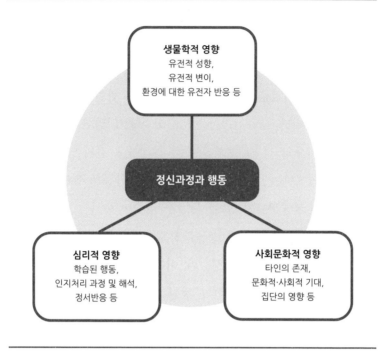

생물학적 접근은 유전적 성향이 어떠한지, 유전적 변이가 일어났는지, 어떻게 환경에 적응하고 있는지 등을 통해서 접근하는 방식이다. 심리적 접근은 주된 학습 행동이 무엇인지, 어떻게 인지처리를 하고 해석하고 있는지, 성격은 어떻고 정서반응은 어떠한지 등을 통해서 접근하는 방식이다. 사회문화적 접근은 타인이 존재하는 가운데 자신의 모습, 사회나 문화적으로 기대하는 바, 집단 내에서의 모습 등을 통해서 접근하는 방식이다.

우울증에 걸린 A씨

50대 중반인 A씨는 현재 우울 증상을 호소하고 있다. A씨는 지난 몇 년 동안 지속적으로 우울했고, 일상생활에서 무력감도 있었다. 별다른 대인관계를 맺지도 않았고, 가족들과도 최소한의 대화만 하고 있었다. A씨를 생물·심리·사회문화적 접근으로 분석해보면 다음과 같은 원인을 찾을 수 있다.

생물학적 접근
- 생물학적 관점에서는, 화학적 물질, 즉 신경전달물질의 비정상적 변화가 생겼기 때문이다.
- 신경세포의 파괴나 신경세포 간 신경전달물질의 전달에 이상이 발생했기 때문이다.

심리적 접근
- 인본주의 관점에서는, 자기실현에 필요한 성장잠재력을 개발하지 못했기 때문이다.
- 인지주의 관점에서는, 인지적 처리과정에서 사고가 비합리적으로 만들어졌기 때문에 그로 인해 우울해졌을 뿐만 아니라 부정적인 정서반응을 경험했기 때문이다.
- 행동주의 관점에서는, 반복적으로 나타나서 학습된 우울행동이 우울증으로 향하게끔 만들었다.

사회문화적 접근
- 그 당시 스트레스가 과도하게 많았다.
- 힘든 마음을 터놓고 이야기할 사람이 없었다.
- 속해 있던 집단의 사람들에게 계속 무시받고 있었다.

분야_매우 다양한
심리학 분야가 존재한다

많은 사람들이 심리학을 떠올릴 때
상담 및 심리치료 분야를 가장 먼저 떠올릴 것이다.
그런데 심리학에는 상담 및 심리치료 분야만 있는 것은 아니다.
심리학에서는 인간의 행위(인지, 정서, 행동)를 다양하게 다루고 있다.

'심리학'이라고 하면 상담counseling 및 심리치료psychotherapy를 가장 먼저 떠올릴 것이다. 그런데 알고 보면 심리학에는 다양한 분야가 있다. 심리학에서는 인간을 다각적인 측면에서 다루고 소개하고자 한다. 이를 세부적으로 알고 있다면 심리학을 이해하는 데 도움이 될 것이다.

그림 〈심리학의 다각적 활동 영역〉에서 알 수 있듯이 심리학은 인간의 발달 과정을 고려하는 학문이다. 개인의 변화뿐만 아니라 개인이 속한 사회적 활동에도 관심을 두고 있다. 개인의 변화와 사회에 속해서 활동하는 가운데 정상과 이상에 관해 정의하고 소개하는 학문이 심리학이다.

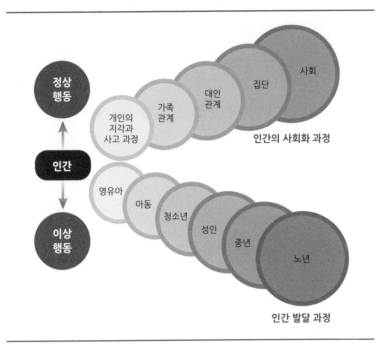

정상
행동

개인의
지각과
사고 과정

가족
관계

대인
관계

집단

사회

인간의 사회화 과정

인간

영유아

아동

청소년

성인

중년

노년

이상
행동

인간 발달 과정

'심리학'이라는 말을 들으면 어떤 분야가 떠오르는가? 알고 있는 심리학 분야는 어떤 분야인가? 여러 심리학 분야 중에서 관심이 가는 분야가 있는지 살펴보자.

심리학에는 심리학의 근간이 되는 '기초심리학'과 여러 주제에 접근하기 위한 '응용심리학'이 있다.

기초심리학에는 생물심리학, 진화심리학, 발달심리학, 성격심리학, 학습심리학, 인지심리학, 동기심리학, 사회·문화심리학 등이 있다. 응용심리학에는 상담심리학, 임상심리학, 건강심리학, 지역

사회심리학, 학교심리학, 산업·조직심리학, 공학심리학, 코칭심리학 등이 있다.

인간 본연에 관심을 두는 기초심리학 분야

인간 본연에 관심을 두는 기초심리학 분야는 다음과 같다.

- 동기심리학motive psychology: 동기란 행동을 일으키게 하는 내적·외적 요인들의 집합을 말한다. 동기심리학에서는 동기를 생물학적 동기, 심리적 동기, 사회적 동기로 구분해 이해하고 설명하고자 한다.

- 발달심리학developmental psychology: 한 개인의 전생애lifespan에 걸쳐 일어나는 신체적, 인지적, 도덕적, 사회·정서적 발달의 과정과 원인을 연구하는 심리학이다. 발달의 일반적 경향, 법칙, 발달의 단계적 특성 등을 이해하고 설명하고자 한다.

- 생물심리학biological psychology: 뇌와 행동의 관계를 연구하는 학문이다. 뇌의 영역과 함께 뇌의 화학적 물질의 변화가 행동과 어떤 관계가 있는지를 이해하고 설명하고자 한다.

- 성격심리학personal psychology: 주어진 환경과 상호작용하는 그 사

람만의 방식, 그 방식을 규정하는 인지, 정서, 행동을 이해하고 설명하고자 한다.

- 인지심리학cognitive psychology: 사람의 문제해결, 기억, 언어, 사고 등과 같은 내적 정신과정을 이해하고 설명하고자 한다.

- 정서심리학emotion psychology: 비교적 강하고 단시간 지속되는 감정으로 기쁨, 슬픔, 공포, 놀람, 분노, 혐오 등 인간의 기본적 정서를 연구하는 학문이다. 정서가 신체 및 행동적인 방향을 결정짓는 영향 등을 이해하고 설명하고자 한다.

- 진화심리학evolutionary psychology: 특정한 방식으로 행동하려는 경향이 진화에 의해 선택되었는지 등을 비롯해 행동을 종의 진화에 관한 역사 측면에서 이해하고 설명하고자 한다.

- 학습심리학learning psychology: 인간과 동물의 학습방법 및 그 원리와 법칙을 발견해 행동의 변화를 이해하고 설명하고자 한다.

개인에게 서비스를 제공하는 심리서비스 분야

개인에게 서비스를 제공하는 심리서비스 분야를 세부적으로 나누어보면 다음과 같다.

- 건강심리학^{health psychology}: 건강을 증진시키고 질병의 발생을
  예방하며 질병 치료에도 도움을 줄 목적으로, 심리학적 지식
  과 원리를 이해하고 설명하고자 한다.

- 긍정심리학^{positive psychology}: 개인이 지닌 강점과 능력을 개발하
  고 최대한 발휘해서 행복을 증진시키고 성장할 수 있도록 인
  간의 긍정적인 심리적 특성을 이해하고 설명하고자 한다.

- 상담심리학^{counseling psychology}: 일상생활에서 내리는 결정, 가족
  또는 직업과 관련한 재적응의 문제에 관해 이해하고 설명하
  고자 한다.

- 임상심리학^{clinical psychology}: 사람들이 지닌 심각한 수준의 심리
  적 질병이나 장애에 관해 치료하고자 한다.

- 지역사회심리학^{community psychology}: 사람들을 환경에 적응하도록
  변화시키려고 시도하기보다는 모든 사람들에게 건강한 사회
  적·물리적 환경을 조성하는 역할 수행의 중요성을 이해하고
  설명하고자 한다.

- 코칭심리학^{coaching psychology}: 개인의 변화와 성장을 이끌어내고,
  행복한 삶을 영위하고 건강을 증진시킬 수 있도록 이해하고
  설명하고자 한다.

집단과 조직에 관심을 두는 심리학 분야

집단과 조직에 관심을 두는 심리학 분야는 다음과 같다.

- 공학심리학^{engineering psychology}: 인간과 기계의 상호작용을 향상시키기 위한 분야로 수행, 안전, 편리에 관해 이해하고 설명하고자 한다.

- 사회·문화심리학^{social and culture psychology}: 사람들이 속한 사회를 어떻게 지각하고 해석하는지, 그들의 신념, 정서, 행동이 실제 또는 가상의 타인에 의해서 어떻게 영향을 받는지, 집단에서 일어나는 행동에 관심을 갖고 이해하며 이를 설명하고자 한다.

- 산업·조직심리학^{industrial and organizational psychology}: I&O심리학이라고도 부른다. 이 분야는 직원이 생산적이고 효율적으로 일할수 있도록 돕는다. 직무에 적합한 사람을 고용, 직무훈련, 근로자의 수행과 피드백, 조직구조 설계, 근로자와 조직에 관심을 갖고 이해하며 설명하고자 한다.

- 학교심리학^{school psychology}: 학교에서 일어나는 아동 및 청소년의 다양한 형태의 대인관계와 학습, 학업, 직업, 진로 등의 문제를 이해하고, 이를 해결하기 위한 심리적 지원을 제공한다.

그 밖의 응용심리학 분야로 법·범죄심리학, 스포츠심리학, 인지신경심리학 등이 있다. 법·범죄심리학은 법적 제도, 범죄를 저지르는 특성과 그에 관한 분석, 범죄프로파일 등을 이해하고 설명한다. 스포츠심리학은 운동선수들의 수행 향상과 안전, 멘탈 훈련에 관심을 갖는다. 인지신경심리학은 인지처리과정에 관한 뇌 기반을 이해하고 설명하고자 한다.

이러한 심리학 분야는 과학자-실천가 모델scientist-practitioner model을 담고 있다. 이는 과학적 원리와 연구로부터 얻어진 결과들을 이해하고 이를 실제로 어떻게 적용하는지를 가르치는 교육의 모델로서, 심리학은 이 모델을 취하고 있다.

과학자-실천가 모델

인간의 심리와 관련된 문제들이 다양한 영역에서 발생하고 있다. 이에 따라 심리학에 관한 관심과 수요가 증가하고 있는 상황이다. 사회문제들을 해결하기 위해서는 단순하고 획일적인 해결책이 아닌 사회문화적 맥락을 고려한 맞춤형 프로그램 개발 및 서비스 제공이 필요하다. 이를 위해 문제해결에 필요한 기초적인 심리 이론뿐만 아니라 전문 이론들을 실제 현장에 적용하는 기술과 경험이 필요하다.

2

뇌와 행동의
관계

뇌는 인간이 살아 있는 한 계속 움직인다. 우리는 살아 있는 뇌를 통해서 생각하고 느끼고 행동한다. 이 구조를 아는 것은 심리학을 이해하는 하나의 과정이 된다. 신체의 움직임, 지각, 인지, 의식 등을 포함하는 우리의 정신과정과 행동은 신경계를 구성하고 있는 뉴런 활동과 밀접하게 관련되어 있다. 인간 신경계의 뉴런 개수는 약 1천억 개 이상으로 추정된다. 뇌를 이해하고 생물심리학적 이해를 통해서 인간의 정신과정과 행동을 설명할 수 있다.

피니어스 게이지(Phineas Gage, 1823~1860)는 25세 때 끔찍한 사고를 겪는다. 1848년 9월 13일 미국의 한 철도공사 현장감독으로 일하던 중 폭발사고가 일어나면서 쇠막대가 왼쪽 눈부터 정수리까지 관통했다. 그는 좌측 뇌 전두엽이 손상되었음에도 살았고, 신체적·정신적으로 상당한 회복을 보였다. 그는 신체가 회복되면서 급격한 성격 변화를 경험했다. 마치 이전의 게이지가 아닌 다른 사람으로 변한 것이었다.

피니어스 게이지의 사건은 대뇌 전두엽 손상이 성격과 행동에 큰 변화를 준다는 사실에서 19세기 신경과학 분야에 큰 파장을 불러일으켰고, 뇌의 특정 부위의 손상에 대한 해부학적, 신경과학적, 심리학적 이해를 확장하는 데 영향을 미쳤다.

인간의 신체_보이지 않는
뇌와 신경계의 비밀

인간의 심리를 알기 위해서는
먼저 우리의 뇌와 신경계를 알아야 한다.
보이지 않는 형이상학적인 마음을 설명하기 위함이자
그 기반을 논하기 위해서다.

인간의 신체는 신경계를 통해서 생물학적으로 이해할 수 있다. 신경계^{nervous system}는 모든 신경조직을 의미한다. 이 체계는 다음 페이지의 그림 〈인간의 신경계 구조〉처럼 중추신경계와 말초신경계로 나뉜다.

중추신경계^{CNS; Central Nervous System}는 뇌^{brain}와 척수^{spinal cord}를 포함한다. 말초신경계^{PNS; Peripheral Nervous System}는 나머지 신체 부위에 있는 잔여 신경조직을 포함하고 있다.

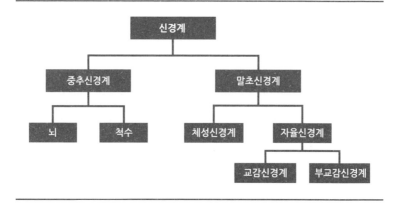

인간의 신경계

말초신경계는 의식적 감각 기능과 수의적 운동 기능을 위해 감
각수용기, 근육 및 신체의 표면에서 이리저리 신경신호를 전달하
는 체성신경계^{somatic nervous system}와 심장박동 같은 자율적 및 불수의
적 기능을 위해 내장기관과 분비선을 연결하는 자율신경계^{autonomic}
^{nervous system}로 구성되어 있다.

체성신경계는 골격근을 통제하고 피부, 근육 및 다양한 감각수
용기로부터 정보를 받는다. 자율신경계는 뇌와 척수의 밖에 있는
신경계다. 이는 분비선과 심장, 혈관 위와 장의 평활근육^{smooth muscle}
을 통제한다. 자율신경계가 통제하는 소화나 혈액순환 같은 많은
활동은 자율적 또는 자동적으로 조절되고, 사람이 수면을 취하거
나 무의식적일 때에도 계속된다. 자율신경계의 활동은 신경계, 특

자율신경계

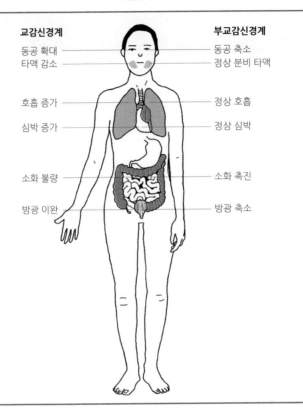

교감신경계

동공 확대
타액 감소

호흡 증가

심박 증가

소화 불량

방광 이완

부교감신경계

동공 축소
정상 분비 타액

정상 호흡

정상 심박

소화 촉진

방광 축소

히 뇌의 시상하부에 의해 통제된다.

자율신경계는 그림에서 보듯이 교감신경계sympathetic nervous system와 부교감신경계parasympathetic nervous system로 나뉜다. 교감신경계는 강한 각성을 보일 때 활동적이다.

교감신경계는 신체가 어떤 반응(투쟁fight 또는 도피flight)을 하도록 준비시키는 급박한 상황에서 활성화된다. 반대로 부교감신경계는

| 교감신경계와 부교감신경계에 관한 이해 |

교감신경계 - 각성 -	←→	부교감신경계 - 이완 -
동공 확대	눈	동공 수축
감소	타액 분비	증가
축축함	피부	건조함
증가	땀 분비	감소
증가	심장박동	감소
억제	소화	촉진
스트레스 호르몬 분비	부신	스트레스 호르몬 감소

휴식과 관련이 있어 부교감신경계가 작동하면 휴식을 취한 후 신체를 회복시킨다.

이 두 체계 사이의 균형은 항상성^{homeostasis}이 있어서 정상적인 기능을 하도록 신체 상태를 유지한다. 표 〈교감신경계와 부교감신경계에 관한 이해〉를 참고하면 이해하기가 쉬울 것이다.

항상성은 자동온도조절장치와 같다. 에어컨에 있는 온도조절장치처럼 인간 내부에도 조절장치가 있다. 건물의 실내 온도를 일정하게 조절하는 자동온도조절장치를 한 번쯤 본 적 있을 것이다. 자동온도조절장치는 특정 온도를 설정하면 그 온도에 맞게 조절하는 역할을 한다. 신체의 항상성 또한 마찬가지다. 항상성은 신체의 유지체계로서 교감신경계와 부교감신경계의 작동을 균형 있게 조절한다.

뇌_우리의 뇌는
살아서 움직이고 있다

인간이 살아 있는 한 뇌는 계속해서 움직인다.
살아 있는 뇌를 통해서 우리는 생각하고 느끼고 행동한다.
이 구조를 아는 것이 심리학을 이해하는 하나의 과정이 된다.

우리는 숨을 쉬고, 물을 마시고, 식사를 하고, 운동을 한다. 그리고 원하는 일을 하고, 사람들을 만나 웃으며 대화를 나눈다. 이때 이러한 행위는 어디에서 시작되는 것일까? 여러 이유가 있겠지만, 기저에 뇌가 있어서 그렇다.

형이상학적인 마음에 관해 말하자면 이해하기가 쉽지 않겠지만, 마음의 기반에는 분명 뇌가 있다. 이 뇌를 안다는 것은 심리학에서 말하는 인지, 정서, 행동에 관해 답하게 만드는 것이다.

뇌의 구조와 기능

뇌는 아래의 그림 〈뇌의 체제화〉에서 보듯이 뇌의 아랫부분부터 후뇌hindbrain, 중뇌midbrain, 전뇌forebrain 순으로 위치한다.

후뇌는 뇌의 후미에 속하는 영역으로 연수와 뇌교, 망상체, 소뇌가 여기에 속한다. 연수medulla는 호흡과 직립 자세의 유지를 돕는 반사를 통제하는 가느다란 구조다. 뇌교pons는 주의 집중과 수면 시간을 조절하는 데 중요하다. 뇌교에서는 척수로부터 상행하는 주요 신경로가 교차해 뇌의 우측이 신체의 좌측과 연결되고, 뇌의 좌측이 신체의 우측과 연결된다. 연수와 뇌교는 혈압과 심장박동, 호흡 등 생명유지 활동을 조절하는 부위로, 약간만 손상되어도 치명적인 영향을 받는 곳이다.

뇌의 체제화

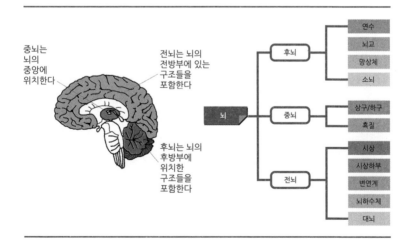

망상체reticular formation는 각성상태나 주의집중을 조절하는 기능을 한다. 잠에서 깨어나 기지개를 켜게 되는데, 이는 망상체가 작동하고 있다는 것을 보여준다. 소뇌는 신체의 균형과 운동을 조정한다. 소뇌가 손상되면 근육을 움직이는 데 어려움은 없지만 행동이 매끄럽게 연결되지 못하고, 느리고 어색한 행동을 하게 된다. 특히 알코올은 소뇌에 영향을 미치는 물질이므로 주의를 요한다.

중뇌는 후뇌와 전뇌 사이에 있다. 몇몇 운동반응의 하위중추, 시각과 청각을 중계하는 부위다. 중뇌에서의 상구/하구는 감각 정보를 뇌로 연결하는 역할을 한다. 흑질substantia nigra은 신경전달물질인 도파민과 관련이 있고, 파킨슨병에 의해서 퇴화되는 부위가 흑질이다(56페이지의 표 〈주요 신경전달물질의 종류와 특성〉 참고). 중뇌는 기초적인 반사와 같은 유기체의 가장 기초적인 하위 수준의 행동을 조절하는 능력이 있다. 중뇌와 후뇌가 전뇌와 분리되어 전뇌의 통제를 받지 못하면, 여러 행위를 하나의 목표지향적인 행동으로 통합해 수행하는 것이 불가능하다.

복잡하고 정교한 행동과 정신 기능은 전뇌에서부터 시작된다. 그렇기에 전뇌는 가장 고도로 발달된 뇌 영역이다. 전뇌는 중뇌 바로 위에 있는 시상과 시상하부, 그 주변에 있는 변연계와 기저핵으로 구성된 피질 아래의 구조물과 그 구조물을 덮고 있는 대뇌피질로 구성되어 있다.

전뇌에서 시상thalamus은 눈과 귀, 피부나 운동중추 등에서 보내온 정보를 수용해 통합하고 처리하며, 다양한 시냅스를 통해 피질 영역으로 중계하는 기능을 한다.

시상 바로 아래에 있는 시상하부^{hypothalamus}는 기본적인 생물학적 욕구와 동기를 조절하는 기능을 담당한다. 더불어 자율신경계를 지배하고 뇌하수체를 자극해 내분비계의 호르몬 분비 활동을 조절한다.

변연계$^{limbic\ system}$는 대뇌피질의 안쪽을 둘러싸고 있는 구조물 모두를 지칭한다. 변연계에는 해마와 편도체, 중격, 대상회 등이 속해 있다. 이 구조물들은 연결되어 기능적으로 서로 영향을 미친다. 변연계는 주로 정서의 조절, 기억, 동기에 관여한다. 그리고 대뇌피질과 밀접하게 연결되어 있어서 정서와 동기, 사고체계가 긴밀하게 상호 의존하고 있음을 보여준다.

이 중에서 편도체^{amygdala}는 공격행동에 중요한 역할을 한다. 편도체가 손상되거나 편도체에 종양이 있는 사람은 이유 없이 강한 분노와 충동이 일어나서 두려움 없는 행동을 할 수도 있다.

해마^{hippocampus}는 학습과 기억에 매우 중요한 구조물이다. 그리고 기저핵은 시상의 바깥쪽에 위치해 운동조절에 관여한다. 특히 기저핵은 소뇌와 달리 느리고 순차적인 행동을 조절한다.

대뇌피질$^{cerebrum\ cortex}$은 인간에게 가장 발달해 있는 뇌 영역으로, 고도의 감각과 지각, 운동과 기술, 상상력과 추리력, 언어능력, 통찰력 등을 관장한다. 대뇌는 좌우 반구로 양분되어 있고, 각각은 반대쪽 신체의 감각과 운동을 지배한다.

대뇌피질에 있는 뉴런의 수는 대뇌피질의 표면적에 비례한다. 인간의 뇌는 수많은 주름과 굴곡이 있어서 전체 표면적이 상당히 넓다. 굴곡의 틈을 '구'라고 하고 튀어나온 부분을 '회'라고 한다.

현재의 기억을 잃은 30대 중반의 K씨

K씨는 1년 전 교통사고를 당했다. 사고 당시 외견상 큰 문제가 없어서 사고 후 일상으로 돌아가 생활하고 있었다. 그런데 K씨는 어느 순간부터 주변 사람들로부터 자신의 기억력에 문제가 있다는 사실을 듣게 되었다.

K씨는 교통사고 이후 점점 기억을 잃고 있었다. 교통사고 이전의 일은 기억하는 데는 문제가 거의 없었지만, 교통사고 이후의 새로운 기억은 잘 저장되지 않았다. 그러다 보니 점점 자신이 무엇을 해야 하는지조차 모르게 되었고, 사람들과의 관계에서나 직장에서도 문제가 계속 발생했다.

K씨는 병원에 내원해 검진을 받았다. 그 결과 사고 당시 외견상 문제가 없었지만, 뇌에 손상이 있었음을 발견하게 되었다. 뇌의 해마 부분에 손상이 있었던 것이다. 해마는 기억과 관련된 부위로 새로운 정보를 저장하는 기능을 담당한다.

그는 외견상 문제가 없었기에 별문제 없을 것이라고 생각했다. 그런 K씨에게 뇌의 충격은 큰 불행을 만들었다. 그나마 천만다행인 것은 해마의 손상이 앞으로 저장해야 할 기억에서의 문제이지 사고 전에 관한 과거의 기억 손상은 아니었다는 점이다.

K씨와 K씨의 가족은 심각한 고민에 빠졌다. 인간은 지나가버린 과거에 매여서 사는 존재가 아니라 현재와 미래를 기대하며 살아야 한다. 그런데 이제 그럴 수 없다는 사실을 깨닫고는 그들은 크게 좌절하고 말았다.

4개의 엽을 가진 뇌

　인간의 뇌는 4개의 엽^{lobe}으로 구분된다. 그림 〈대뇌의 부위와 그 기능〉에서 보듯이, 후두엽^{occipital lobe}은 뇌의 뒷부분으로서 시각정보를 받아서 처리하는 일차 시각피질을 포함한다.

　후두엽의 바로 앞에는 두정엽^{parietal lobe}이 위치한다. 여기서는 신체 각 부위에서 수용한 체감각 정보를 받아들이는데, 공간 내에서의 신체의 위치나 운동지각에 중요한 역할을 한다. 두정엽의 앞부분은 일차 체감각피질로, 이 피질의 위치에 따라 감각을 받아들이는 신체의 위치가 다르다.

　두정엽의 양옆에는 측두엽^{temporal lobe}이 있다. 측두엽에는 청각정보를 처리하는 일차 청각피질과 보다 복잡한 시각정보를 처리하

대뇌의 부위와 그 기능

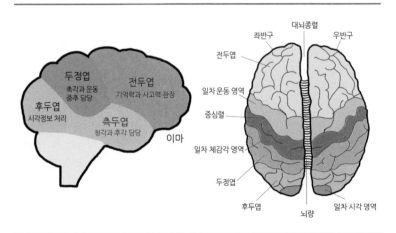

는 이차 시각피질이 위치한다. 후두엽이 손상되면 시력을 상실하게 되는 것과 달리, 이차 시각피질이 손상되면 시력은 유지되지만 복잡한 형태를 인식하지 못하게 된다. 측두엽은 그 안쪽에 위치하는 변연계와 밀접한 관계를 맺고 있어서 기억이나 정서적 경험에 중요한 역할을 한다. 따라서 측두엽에 종양이 있거나 간질발작이 일어나면 극심한 정서적 혼란을 경험하게 된다.

전두엽frontal lobe은 뇌의 앞부분을 차지하고 있다. 전두엽은 고차 정신능력과 관련이 있어 기억과 사고를 담당한다. 전전두엽prefrontal lobe은 뇌의 맨 앞부분으로 운동을 계획하고 행동을 조절해 상황에 맞게 통합하거나 행동을 억제하는 기능과 관련이 있다. 전전두엽은 모든 감각정보가 들어와서 통합되고 조정되는 고등 정신과정과 관련이 있다.

2개의 뇌

대뇌는 2개로 나뉘어 있다. 그림 〈대뇌 편재화〉에서 보듯이, 그 사이에는 뇌량corpus callosum이라는 신경다발이 위치해 두 뇌 사이를 연결한다. 이와 같이 양반구가 연결되어 있기 때문에 정보가 서로 교환되고 통합되어 마치 하나처럼 좌-우반구가 상호 기능한다.

간질과 같은 질환을 치료하기 위해 뇌량을 절단해야 하는 수술은 각 대뇌반구의 역할이 다름을 확인하는 기회가 되기도 했다. 각 대뇌반구는 신체의 반대 측면을 지배한다. 대부분의 신경이 뇌와

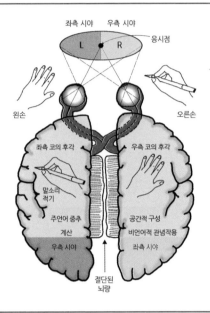

연결되어 교차하기 때문에 좌반구는 신체 오른쪽의 감각과 운동을 통제하고, 우반구는 왼쪽을 통제한다.

시각은 보다 복잡해 우측 시각 영역에 속하는 자극은 좌반구의 시각피질로 전달되고, 좌측 시각 영역에 속하는 자극은 우반구의 시각피질로 전달된다. 뇌량은 두 반구에 들어온 정보가 통합되어 완전한 상을 경험하도록 한다. 뇌량이 절단되면 순간적으로 제시된 시각 자극이 한쪽 뇌에만 전달된다.

뇌량이 절단된 사람의 우측 시각장 자극을 순간적으로 제시하면, 그 정보를 좌반구가 받아들여서 그것이 무엇인지를 말할 수 있다. 다만 반대로 좌측에 제시되면 무엇인지를 말하지 못한다. 이는 언어적 처리를 담당하는 좌반구로 정보가 전달되지 않았기 때문에 그렇다.

그러나 자신이 본 것을 왼손으로 찾으라고 한다면 물건을 정확하게 찾아낼 것이다. 이는 우반구가 관여한 결과다(Gazzaniga, 1985; Sperry, 1966). 이러한 결과는 두 반구가 독립적으로 기능한다는 것을 의미한다.

이후 양전자사출 단층촬영법^{PET; Positron Emission Tomography}과 같이 대뇌의 기능을 연구할 수 있는 기법이 개발되면서 정상인이 어떤 과제를 수행할 때 어느 반구의 어느 위치에서 가장 활발한 활동이 일어나는지, 관찰이 가능해졌다. 이를 대뇌 편재화^{hemispheric lateralization}라고 한다. 대뇌의 양쪽 반구는 분리되어 있으며, 각각 독립적으로 서로 다른 기능을 수행하도록 전문화되어 있다. 좌뇌와 우뇌 간의 정보가 뇌량을 통해 원활하게 상호 교류된다.

일반적으로 좌반구는 언어를 담당하는 것으로 알려져 있다. 즉 언어의 의미적 요소와 문법적 요소 등을 좌반구가 담당한다. 우반구는 언어적 표현에서 운율과 같이 미묘한 정서적 의미를 파악하는 데 중요한 역할을 한다. 따라서 좌반구가 순수한 언어적 측면을 담당한다면 우반구는 평범한 말에 색과 정열을 부여하는 기능을 한다고 볼 수 있다. 다음 페이지의 표 〈대뇌 편재화: 좌뇌와 우뇌의 역할과 기능〉을 보면 좌뇌와 우뇌의 역할과 기능에 관한 내용뿐만 아니라 계속해서 각 반구가 지배하는 고유한 행동 영역에 관한 연구가 진행되고 있음을 알 수 있다.

| 대뇌 편재화: 좌뇌와 우뇌의 역할과 기능 |

좌뇌	우뇌
1. 언어적인 지시와 설명 반응 우세 • 주지적 능력 • 이름 기억	1. 시각적인 자료 반응 우세 • 직관적 능력 • 얼굴 기억
2. 객관적인 사고 및 판단 • 체계적인 통제 속에서 실험 • 문제를 부분적으로 나누어 순서에 따라 논리적으로 해결	2. 주관적인 사고 및 판단 • 임의대로 계획 없이 실험 • 문제를 전체적인 구조 속에서 파악하며 예감이나 육감을 가지고 해결
3. 구체적으로 계획된 과제와 활동을 선호 • 계획적이고 구조적 • 확고하고 확실한 지식에 반응 • 분석적으로 이해 • 사고와 기억은 일차적으로 언어에 의존 • 말하고 글 쓰는 것을 선호 • 선택형 질문 선호 • 위계적 구조 선호 • 감정을 자제	3. 개방적이고 주관적인 과제나 활동을 선호 • 유동적이며 자발적 • 포착하기 힘들고 확실치 않는 것에 반응 • 종합적으로 이해 • 사고와 기억은 일차적으로 심상image에 의존 • 그림 그리기와 사물 조작을 선호 • 자유반응식 질문 선호 • 통합적(협동적) 구조 선호 • 자유로운 감정 추구
4. 청각적 자극에 반응 우세 • 몸짓언어body language 이해 미흡 • 주어진 환경과 사태에 수동적 반응 • 은유나 유추는 미흡	4. 시각적 자극에 반응 우세 • 몸짓언어의 이해 우수 • 주어진 환경과 사태에 능동적 반응 • 은유나 유추를 활용
5. 문제를 부분적으로 나누고 논리적·계열적으로 해결하기 선호 • 논리적 문제해결 • 단일변인 연구 • 구조화된 과제의 해결 • 전형적이고 보편적인 문제해결	5. 문제를 전체적으로 묶고 주관적으로 해결하기 선호 • 직관적 문제해결 • 다변인 연구 • 비구조화된 과제의 해결 • 독창적이고 창의적인 문제해결

뇌의 화학적 변화_
그 힘을 논하다

우리의 뇌가 살아 있다는 것은 뇌세포의 활동으로 알 수 있다.
뇌세포가 활동하기 위해서는 화학적 변화가 일어나야 한다.
이 화학적 변화를 일으키는 물질을 신경전달물질이라고 한다.
이 물질들이 작동함으로써 우리는 생각하고 느끼며 행동한다.
즉 능동적으로 활동하는 것이다.

우리는 생각하고 느끼며 행동한다. 이는 뇌의 화학적 변화 때문
에 작동하는 현상이다. 우리의 뇌에는 1천억 개 이상의 세포가 있
다. 이 세포 중에는 전기를 전달하고 미세한 간극에서 화학 메시지
를 전달하는 방식으로 소통하는 세포가 있다.

뇌세포, 뉴런

우리 신체의 신경시스템은 단순체로 구성된 복합체이다. 기본
단위는 뉴런neuron이다. 뉴런은 신경계의 기본 단위로, 자극과 흥분

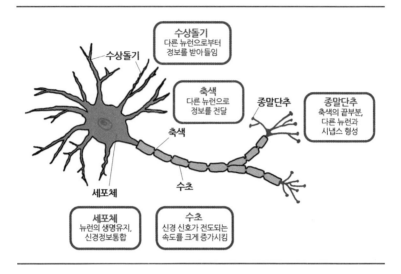

을 전달한다. 우리가 생각하고 느끼며 행동하는 것은 시냅스를 통해 다른 뉴런 또는 근육 세포와 상호작용하기 때문이다.

각 뉴런은 다음과 같이 구성되어 있다. 그림 〈뉴런의 생김새와 역할〉에서 보듯이, 뉴런은 세포체$^{cell body}$와 가지를 치고 있는 섬유질들로 구성되어 있다. 나뭇가지와 같은 수상돌기^{dendrite}는 정보를 받아들여 세포체 쪽으로 전달한다. 이곳에서부터 기다란 축색^{axon}이 종말단추를 통해서 정보를 다른 뉴런이나 근육 또는 분비선에 전달한다. 축색은 말하는 일을, 수상돌기는 듣는 일을 하는 것이다. 수초$^{myelin sheath}$는 축색을 절연시키고 전달속도를 증가시키는 지방층으로 덮여 있다. 성인이 될 때까지 수초가 만들어짐으로써 신경의 효율성이 증가하고, 판단과 자기통제 능력이 증가한다.

다발성 경화증의 증상

뇌의 수초가 퇴화되면 근육으로 전달하는 모든 신경명령의 속도가 느려지고 결국에는 근육 제어능력을 상실하는 질병에 걸리게 된다. 바로 이것이 다발성 경화증multiple sclerosis이다.

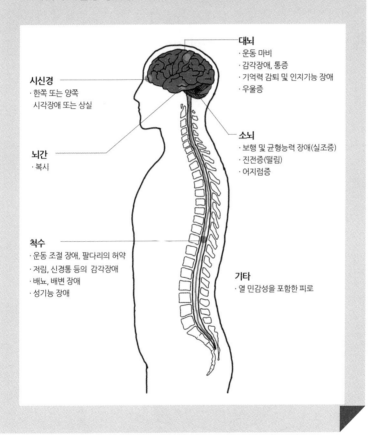

시신경
· 한쪽 또는 양쪽
  시각장애 또는 상실

뇌간
· 복시

척수
· 운동 조절 장애, 팔다리의 허약
· 저림, 신경통 등의 감각장애
· 배뇨, 배변 장애
· 성기능 장애

대뇌
· 운동 마비
· 감각장애, 통증
· 기억력 감퇴 및 인지기능 장애
· 우울증

소뇌
· 보행 및 균형능력 장애(실조증)
· 진전증(떨림)
· 어지럼증

기타
· 열 민감성을 포함한 피로

시냅스

뇌에 있는 뉴런들은 연속적으로 연결되어 있는 것처럼 보이지만 실제로 뉴런들의 수상돌기, 축색과 붙어 있지 않다. 이 틈이 시냅스다.

시냅스synapse란 정보를 보내는 뉴런의 축색 끝부분과 받아들이는 뉴런의 수상돌기나 세포체 간의 접합 부분을 말한다. 이 접합 부분

뉴런과 뉴런 사이의 시냅스

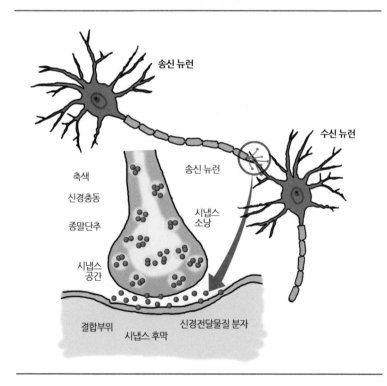

의 미세한 간극을 시냅스 틈$^{synaptic\ gap}$이라고 한다. 뇌에는 1천억 개 이상의 뉴런들 중 많은 뉴런들이 시냅스 접합을 가지고 있다. 때문에 성인 뇌에는 무수한 시냅스가 존재하고 있다.

신경전달물질

뉴런은 감각으로부터의 신호가 자극하거나 이웃 뉴런들로부터 화학적 신호가 촉발될 때 메시지를 전달한다. 이러한 자극에 관한 반응으로 뉴런에는 축색을 따라서 전달하는 짧은 전류인 활동전위$^{action\ potential}$라고 부르는 전기충격이 발생한다. 활동전위는 세포체로부터 축색의 종말까지 전해지는 전기화학적 충동이다. 활동전위는 이온^{ion}이라고 알려진, 전하를 띤 분자들이 뉴런 안팎으로 드나들게 전달하는 역할을 한다.

활동전위가 축색의 끝부분에 있는 혹같이 생긴 종말에 도달하면, 신경전달물질^{neurotransmitter}이라고 부르는 화학전달물질이 방출된다. 이는 뉴런들에 의해 만들어지고 저장되었다가 방출되는 여러 종류의 화학전달물질로, 인접한 뉴런을 흥분시키거나 억제시키는 물질이다. 즉 신경전달물질은 시냅스 틈을 넘나들면서 외부 정보를 중추신경계에 전달하고, 신경세포 간에 정보를 전달하는 기능을 한다.

다음 페이지의 표 〈주요 신경전달물질의 종류와 특성〉에서 보듯이 여러 신경전달물질은 특정 행동과 정서에 영향을 미치고 있다.

| 주요 신경전달물질의 종류와 특성 |

종류	주요 특성
글루타메이트 glutamate	중추신경계의 대표적인 흥분성 신경전달물질로, 해마와 편도체 부위에서 학습과 기억과정에 관여한다.
노르에피네프린 norepinephrine	주로 경계와 각성을 통제하는 데 관여하며, 위급한 상황에 효과적으로 대처할 수 있도록 돕는다. 노르에피네프린 부족은 기분 저하, 우울증과 관련 있다.
도파민 dopamin	운동 조율, 주의, 학습 및 정서에 관여하며 흥분 전달 역할을 한다. 도파민 부족은 파킨슨병의 신체 떨림, 운동결함 증상과 관련이 있다. 도파민 과다 분비는 조현병 발병과 관련이 있다.
세로토닌 serotonin	수면과 각성, 기분을 조절하는 역할을 한다. 세로토닌이 분비되면 통각(통증)을 덜 느끼게 된다. 세로토닌 부족은 우울증과 관련이 있다.
아세틸콜린 ACH; acetylcholine	근육활동, 운동, 기억 및 학습에 관여한다. 말초에서 운동뉴런과 골격근 간의 연결 부위에 작용해 골격근 수축을 일으킨다. 아세틸콜린의 부족은 알츠하이머병의 유발과 관련이 있다.
엔도르핀 endorphin	고통과 통증을 완화시키고 기분을 고양시키는 데 관여한다. 중추신경계에서 생성되는 대표적인 내인성 모르핀이라고도 한다.
가바 GABA; gamma-amino butyric acid	중추신경계의 대표적인 억제성 신경전달물질이다. 흥분성 뉴런의 활동을 막는 역할을 한다. 가바 부족은 경련, 떨림, 발작을 유발한다. 간질(뇌전증) 환자의 발작을 치료하기 위한 억제제로 가바물질을 사용한다.

인간의 능력_절대역치와
차이역치에 도달한다는 것

우리는 보고, 듣고, 맡고, 맛본다.
동시에 피부를 통해서 외부의 자극을 알아차린다.
인간이 외부의 자극을 알아차린다는 것은
인간의 다섯 감각을 통해서 경험한 것이다.

인간은 눈, 코, 혀, 귀, 피부 등 기관을 통해 각종 외부 정보를 자극으로 받아들인다. 이를 감각^{sensation}이라고 한다. 오감을 통해 사물을 인식하고 느끼는데, 이러한 작용이 바로 지각^{perception}이다.

감각은 느껴지는 것 또는 그 과정이고, 지각은 선행된 감각을 바탕으로 이해하는 것을 말한다. 감각작용을 일종의 생리적 현상이라고 말한다면, 지각은 심리적 현상이라고 말할 수 있다.

인간이 지각과정을 작동하려면 외부자극이 오감으로 들어와야 한다. 이 오감으로 들어오는 과정에서 절대역치과 차이역치에 도달하는 것이다.

절대역치

불빛 없는 한밤중에 길을 걷다가 보이지 않던 불빛을 발견한 적이 있는가? 어느 날 새로 산 벽걸이 시계의 초침 소리가 거슬려 잠을 잘 못 잤던 적이 있는가? 아니면 요리를 하다가 잘못 간을 맞춰

절대역치 확인 과정

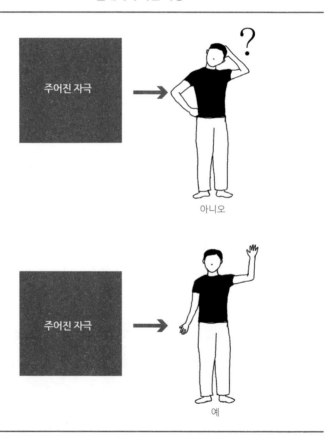

주어진 자극

아니오

주어진 자극

예

싱거웠던 음식이 갑자기 너무 짜서 못 먹게 됐던 적이 있는가? 이런 일이 발생하는 이유를 절대역치로 설명할 수 있다. 이는 외부의 자극이 오감으로 들어와서 자극을 탐지하는 과정에서의 설명이다.

절대역치^{absolute threshold}는 정신물리적 절차^{psychophysical procedure}를 사용해 결정된다. 정신물리적 절차는 자극의 물리적 크기(예를 들어 빛의 물리적 강도)와 자극이 발생시키는 심리적 반응(그 빛이 얼마나 밝게 보이는가)의 관계를 측정하는 방법이다. 대부분의 정신물리적 절차에서 실험자는 먼저 역치 부근(전혀 보이지 않는 정도에서 겨우 보이는 정도까지)의 강도를 가진 자극들을 선택한다.

일련의 시행^{trial}을 통해 자극들은 한 번에 하나씩 무선적으로 제시된다. 그림 〈절대역치 확인 과정〉에서 보듯이, 참가자들에게는 보이지 않으면 '아니오'로, 자극이 보이면 '예'라고 대답하도록 지시한다. 자극들은 여러 번 제시되며 '예' 반응의 비율이 자극 강도별로 결정된다.

다음 페이지의 표 〈감각 기관의 절대역치〉를 보면 절대역은 결정된 값에 관한 오감을 통해 측정한 결과다. 하지만 인간의 절대역치는 개인마다 어느 정도 다르기 때문에, 그 측정된 값은 완벽한 절대역보다는 평균적인 측면에서 제시된 결과다.

절대역은 자극이 0과 구별되기 위해서 강도가 0에서 어느 정도 증가되어야 하는가를 측정한다. 임의로 정의된 어떤 수준의 표준 자극으로부터 자극 강도가 얼마나 증가되어야 비로소 다른 수준의 자극으로 판단되는가, 바로 이것이 변화탐지의 측정이다.

| 감각 기관의 절대역치* |

감각	최소자극	주요 내용
시각 절대역	48km 정도 떨어진 곳의 불빛	어두운 방에서 빛을 조금씩 밝게 해서 빛이 있다는 것을 느낄 수 있는 순간을 알아보는 상한법과 빛이 있는 방에서 빛을 줄여나가 빛이 없다고 느끼는 순간을 알아보는 하한법의 중간 값으로 빛의 절대역치를 알아낼 수 있다.
청각 절대역	6m 정도 떨어진 곳의 소리	조용한 방에서 소리를 크게 해나가면서 소리가 있는 순간을 알아내는 상한법과 소리를 줄여나가 소리가 사라지는 순간을 알아내는 하한법의 중간 값으로 소리의 절대역치를 알아낼 수 있다.
후각 절대역	6개 방에 퍼진 향수 한 방울	유입되는 공기에 향의 농도를 증가시켜가면서 향이 감지되는 순간을 알아내는 상한법과 향을 줄여나가 향이 사라지는 순간을 알아내는 하한법의 중간 값으로 냄새의 절대역치를 알아낼 수 있다.
미각 절대역	약 8ℓ 정도의 물에 티스푼 하나 정도의 설탕의 맛	증류수에 설탕의 농도를 점점 증가시켜가면서 맛이 감지되는 순간을 알아내는 상한법과 점점 줄여나가 맛이 사라지는 순간을 알아내는 하한법의 중간 값으로 맛의 절대역치를 알아낼 수 있다.
촉각 절대역	피부 1cm 거리에서 벌의 날갯짓	피부에 자극물의 양을 점점 증가시키면서 피부반응이 감지되는 순간을 알아내는 상한법과 자극물을 줄여나가면서 자극물의 감지가 사라지는 순간을 알아내는 하한법의 중간 값으로 피부의 절대역치를 알아낼 수 있다.

* 절대역치: 일반적으로 50%의 사람들이 탐지할 수 있는 강도로 결정된다.

차이역치

전형적인 변화탐지 연구에서는 관찰자들에게 한 쌍의 자극이 제시된다. 그중 하나는 표준자극으로서 다른 자극을 비교하기 위한 것이고, 나머지 하나는 비교자극이다. 한 쌍의 자극이 제시될 때마다 관찰자는 비교자극에 관해 '더 크다' 또는 '더 작다'라고 반응해야 한다. 이를 측정하고 있는 차이역치difference threshold 또는 최소가치차이JND; Just Noticeable Difference로 2개의 자극을 구별하는 데 필요한 자극 강도의 최소 차이를 말한다.

다시 말해 절대역치는 지각할 수 없는 자극과 간신히 지각할 수 있는 자극 간의 차이 지점, 즉 시행의 50%가 탐지될 수 있는 최소한의 감각자극의 양이라면, 차이역치는 두 자극의 차이를 시행의 50%는 탐지할 수 있는 최소의 감각변화를 말한다.

예를 들어 30g의 무게를 손바닥에 놓고 겨우 구별할 수 있는 경우라면 60g과 61g의 차이를 구별하기는 어렵고, 60g과 62g의 차이라면 겨우 구별할 수 있다. 이렇게 감각으로 구별할 수 있는 한계는 물리적 양의 차이가 아닌 그 비율관계에 의해 결정된다. 이 사실은 19세기에 베버Weber가 발견하면서 베버의 법칙law of Weber이라고 한다. 쉽게 설명하면 사람의 감각은 자극의 에너지 강도와 비례하는 관계이며, 지각에 필요한 변화의 양이 원래 자극의 크기에 비례한다는 것이다. 즉 처음 받은 자극이 강할수록 자극의 변화량도 커야 그 차이를 지각할 수 있다.

여러 자극에 관한 차이역치를 알 수 있다. 소금의 농도가 20% 차이가 나야 우리는 그 맛을 알아차릴 수 있다. 그러다 보니 많은 사람들이 국이나 찌개 요리를 할 때 맛이 싱거워서 소금을 넣다가 너무 짜서 다시 물을 넣는다. 소금의 경우 맛의 농도에 관한 차이에 덜 민감하기 때문에 그렇다. 그러나 소리의 높이는 1%의 차이역치를 보이고 있기에 아주 미세한 변화에도 민감하게 반응한다.

주의력_시끄러운 곳에서도 너와의 이야기는 잘 들린다

우리는 시끄러운 곳에 가면 "정신없다"고 이야기하곤 한다.
그런데 희한하게도 필요한 이야기들을 나누기도 한다.
과연 그 이유는 무엇일까?
바로 '칵테일파티효과' 때문이다.

매우 혼잡하고 시끄러운 곳에 가면 사람들의 목소리가 웅성웅성하게 들리는 경우가 많다. 특히 콘서트를 보러 가면 공연 내내 옆 사람들의 대화가 잘 들리지 않는다. 그러나 콘서트를 보는 동안 옆 사람이 나에게 중요한 이야기를 전하면 의외로 잘 들린다. 그래서 옆 사람이 무슨 말을 했는지 알 수 있다.

이런 일이 가능한 이유는 무엇일까? 상대방의 이야기를 듣기 위해 노력했기 때문에, 다시 말해 주의를 기울였기 때문에 그렇다.

주의

주의[attention]는 시각에서 다른 시각으로 주의를 이동하는 하나의 양상 내에서 이동할 수도 있고, 운전하면서 도로에 주의하다 휴대전화의 말소리로 주의를 이동하는 것처럼 서로 다른 양상으로 이동할 수도 있다.

주의에 관한 초기 연구들 중 다수는 청각적 주의에 관한 것이었다(Cherry, 1953). 체리[Cherry]의 연구에서 염두한 실제상황은 사람들로 붐비는 파티장이다. 파티장은 사람들의 수많은 목소리들 때문에 시끄럽고 혼란스럽다.

그러나 우리는 원하는 메시지만을 선택해서 듣는, 순전히 심리적인 수단을 보유하고 있다. 이를 위해서 우리는 말하는 사람의 입술 움직임, 목소리의 특색(높이와 억양) 등의 단서를 활용한다. 이런 단서가 없더라도 우리는 의미에 근거해서 두 메시지 중의 하나를 (약간 어려움이 있기는 하지만) 선택할 수 있다.

선택적 주의

선택적 주의의 대표적인 예가 '칵테일파티효과'다. 칵테일파티효과(선택적 청취)란 칵테일파티에서처럼 여러 사람들이 모여 한꺼번에 이야기하고 있음에도 자신이 관심을 갖는 이야기를 골라 들을 수 있다는 것이다. 즉 주의가 특정 채널에 선택적인지 또는 이야기 내용에도 선택적일 수 있는지와 관련해 언급되는 것을 말한다. 즉 시끄러운 곳에서 말하는 사람에게만 주의집중하고 타인의 대화를 선택적으로 걸러내는 능력을 말한다.

체리의 연구는 인간의 집중력을 시험해보는 실험이다. 그의 관심사는 '인간이 어떻게 여러 사람의 대화가 동시에 들리는 와중에 상대와의 대화에만 집중할 수 있느냐'는 것이었다.

체리의 체계적인 실험으로 다음과 같은 사실을 알 수 있었다. 첫 번째는 인간은 여러 개의 대화 흐름 중에 자신에게 필요한 것에만 집중하기 위해서 소리가 들려오는 방향 정보를 이용한다. 즉 어떤 때는 왼쪽 후방에서 들리는 소리에 집중하다가 어떤 때는 오른쪽 전방에서 들리는 소리에 집중하는 식이다.

많은 사람들이 모여 웅성거리는 와중에 어디선가 내 이름이 들리는 느낌이 들면, 이상하게 그쪽으로 귀가 쫑긋해지고 그들의 대화내용이 들리기 시작하는 것도 같은 원리다. 또한 "누구와 누구가 사귄다더라"라와 같은 이야기에 귀가 쫑긋하는 것도 비슷한 원리다. 그래서 실험자들은 2가지 내용을 양쪽 귀로 동시에 들을 때도 자신이 듣고자 하는 이야기를 구별할 수 있었고, 관심 없는 이야기에는 집중하지 않았다.

이는 인간에게 감각기억이 있기 때문에 가능한 것이었다. 감각기억은 주변 상황이 아무리 혼잡해도 본인이 원하는 정보를 선별해서 습득할 수 있는 '선택적 지각'에 영향을 받는다.

두 번째는 말하는 사람의 목소리와 빠르기, 성별에 따라 메시지를 잡아내는 것이 달라진다는 사실이었다. 자신감 있는 목소리로 발표하는 사람과 발표 내용을 겨우겨우 말하는 사람들 중 전자가 훨씬 더 인상 깊다는 결과가 나왔다. 결국 '사람은 듣고 싶은 말만 듣는다'는 말이 사실로 입증된 셈이다.

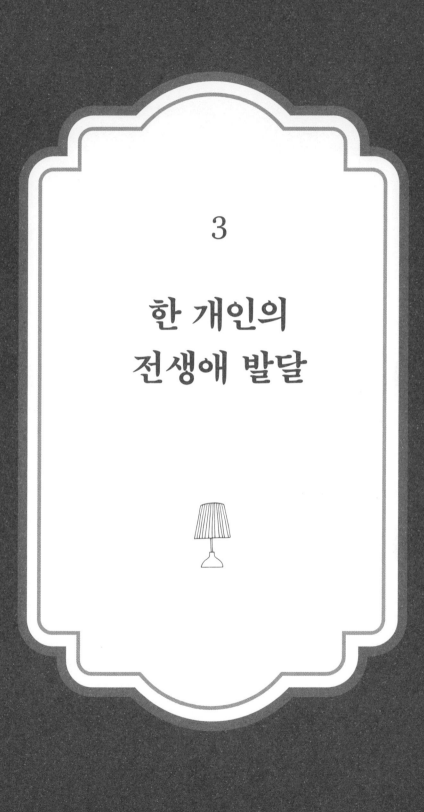

3

한 개인의
전생애 발달

인간은 태어나 죽음에 이르기까지 쉬지 않고 상승-하강하며 발달적 변화를 계속해서 경험한다. 전생애 발달에서는 인간의 정신과정과 행동에서 일어나는 연령적 변화와 함께 신체적, 인지적, 사회·정서적, 성격적 변화 등에 관심을 갖고 이를 연구한다. 특히 전생애 발달에서는 유전과 환경의 상호작용의 결과에 대한 이해와 설명을 중요하게 여긴다. 유전적으로 갖고 태어나는 천성(nature)과 환경적으로 경험되는 양육(nurture)의 상호작용이 인간 발달에 많은 영향을 미치기 때문이다.

전생애 발달_
영아에서 노년까지

우리는 수많은 변화를 경험하며 살고 있다.
내가 원해서 바꾼 변화도 있겠지만, 원치 않아도 저절로
변화가 일어나 변화된 자신의 모습도 경험했을 것이다.
이러한 일을 논하는 분야가 바로 '발달'이다.

인간의 발달development은 수정으로부터 시작해 태어나 죽음에 이르는 동안 신체적·심리적·사회적으로 변하는 과정을 말한다. 이러한 변화는 전생애에 걸쳐서 일어나는 변화다. 이러한 발달적 변화에서는 다음과 같은 질문을 할 수 있다.

- 정신적인 능력, 흥미, 행동 등에서 타인과 공유되는 특질, 그만이 가지고 있는 고유한 특질은 무엇인가?

- 무엇 때문에 전생애에 걸쳐 같은 기질을 지속적으로 유지할 수 있었고, 무엇 때문에 변할 수 있었는가?

- 당신이 겪었던 과거의 경험, 예를 들어서 아동기 가정의 유복함, 가족이나 친구와 함께했던 여행, 시험에 합격했던 경험은 전생애에 걸쳐 그의 삶의 만족감에 어떤 영향을 미쳤는가?

- 친한 친구와의 교제, 배우자 만남, 자녀양육, 직장생활 등은 발달에 어떤 영향을 미쳤는가?

- 개인적 요인과 환경적 요인 중 어떤 요인이 그를 예상보다 죽음에 빨리 또는 늦게 이르게 했는가?

이러한 질문은 전생애 동안 변하지 않고 유지되는 특성과 변화하는 특성을 이해하고자 하는 연구 영역, 즉 인간의 전생애 발

전생애 발달변화

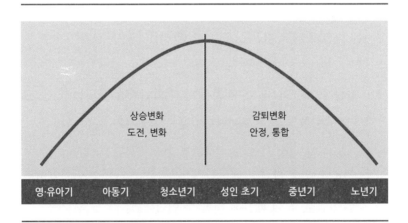

달^{lifespan development}에 중요한 질문들이다.

그림 〈전생애 발달변화〉에서 보듯이, 전생애 발달에서는 인간의 수정에서부터 죽음에 이르기까지 사람들이 보이는 일관성과 변화에 영향을 미치는 요인들을 찾아내고자 한다. 이를 위해 발달심리학에 관한 몇 가지 전제를 이해해야 한다.

발달에서의 연속성 vs. 비연속성

'인간 발달은 양적 변화들의 축적으로 이루어진 연속인가, 아니면 질적인 변화를 수반하는 비연속인가?' 인간의 어휘 수를 보면 양적으로 변화하는 것을 알 수 있다. 이를 발달의 연속성^{continuous development}이라고 부른다. 그렇지만 영아가 경험하는 옹알이에서 말하기로의 변화된 이행은 질적인 변화라고 할 수 있다. 이를 발달의 비연속성^{discontinuous development}이라고 부른다. 질적인 변화를 보면 영아, 아동, 청소년, 성인 초기, 중년기, 노년기에 이르는 질적인 발달단계^{development stage}에서 나타나는 변화를 확인할 수 있다.

다음 페이지의 그림 〈발달의 연속성 vs. 비연속성〉에서처럼 각 단계에서는 발달의 특정 기간을 특징짓는 인지, 정서, 행동에서의 질적인 변화를 가정하고 있다. 즉 질적인 발달적 변화는 점진적이고 지속적으로 일어나기보다는 갑작스럽게 일어난다. 그리고 발달은 일정한 순서를 지니고 있어 각 단계를 거쳐야 다음 단계로 넘어가게 된다. 각 단계에서 경험해야 하는 발달과업이 있는데, 이

과업과 관련해 분명한 결정적 시기가 있다.

발달이 정상적으로 이루어지기 위해 특정 시기에 외부 자극에 관해 생물학적으로 준비되어 있어야 하며 민감하게 반응하는 시기가 존재한다. 예를 들어 첫 번째 언어를 습득하는 단계를 넘어서 언어를 습득하려고 할 때 그 결정적 시기를 놓치면 언어습득에 어

발달의 연속성 vs. 비연속성

려움이 생긴다.

표 〈에릭슨의 심리사회 발달단계와 주요 특징〉에서 보듯이, 에릭슨Erikson은 심리사회 발달단계psychosocial development stage를 제안하며

| 에릭슨의 심리사회 발달단계와 주요 특징 |

단계	연령	주요 특징
신생아기	출생~1	• 신뢰trust vs. 불신mistrust • 중요 관계: 어머니(또는 주양육자) • 존재 질문: 나에게 세상은 믿을 만한 곳인가?
영아기	2~3	• 자율성autonomy vs. 수치심shame • 중요 관계: 부모 • 존재 질문: 그것은 내게 좋은 것인가? 시도해볼 만한가?
유아기	3~6	• 주도성initiative vs. 죄책감guilt • 중요 관계: 가족 • 존재 질문: 그것은 내가 하기에, 움직이기에, 활동하기에, 좋은 것인가?
아동기	7~11	• 근면성industry vs. 열등감inferiority • 중요 관계: 이웃, 학교 • 존재 질문: 내가 그것을 잘할 수 있는가?
청소년기	12~19	• 정체성identity vs. 혼돈role confusion • 중요 관계: 또래, 역할 모델 • 존재 질문: 나는 누구인가? 무엇이 될 수 있는가?
성인 초기	20~39	• 친밀감intimacy vs. 고립감isolation • 중요 관계: 친구, 애인 • 존재 질문: 나는 사랑할 수 있는가?
중년기	40~64	• 생산성generativity vs. 침체성stagnation • 중요 관계: 가정, 동료 • 존재 질문: 나는 내 삶을 인정할 수 있는가?
노년기	65~죽음	• 자아통합ego integrity vs. 절망despair • 중요 관계: 인간, 자애 • 존재 질문: 나는 나에게 좋은 사람이었는가?

"사람은 생애주기를 거치면서 일련의 심리사회적 발달단계를 경험한다"고 했다.

발달에서의 유전 vs. 환경

'유전적 요인이 중요한가, 환경적 요인이 중요한가?' 이 질문은 오랫동안 제기되어 왔던 본성과 양육 논쟁nature vs. nurture이다.

본성은 개인이 생물학적으로 지니고 있는 유전적 경향이고, 양육은 사회적 환경(가족, 지역사회)에서 경험된 바를 말한다. 본성과 양육의 역할에 관한 이론적 입장은 개인차를 설명하는 방식에 영향을 미친다. '언어능력, 불안, 사회성 등과 같은 개인의 특성이 높은 사람들은 나이가 들어도 높은 채로, 낮은 사람들은 나이가 들어도 낮은 채로 변하지 않는다'는 안정성을 강조하는 이론가들은 유전의 중요성도 강조한다.

반면에 환경을 중요하게 생각하는 사람들은 전생애에 걸쳐 행동패턴을 형성하는 중요 요인으로 경험을 말한다. 이들은 생의 초기에 경험한 부정적인 사건은 후에 긍정적인 사건을 많이 경험하면 충분히 극복될 수 있다고 주장한다. 이를 '가소성'이라고 하는데, 새로운 경험은 변할 가능성을 제공하기 때문이다.

후성유전학

진화심리학에서는 인간의 많은 특성과 행동이 환경에 적응하기 위해 수천 년 동안 점진적으로 형성되어 과거 인류의 조상을 통해 물려받은 것이라고 가정한다.

하지만 후성유전학^{epigenetics}을 연구하는 행동후성유전학자들은 우리 고유의 특성과 행동이 환경과 경험을 통해 인생 전반에 걸쳐 받아들여지고 변화할 수 있게 하는 생물학적 구조에 관심을 두고 있다.

이 관점은 인간의 특성과 행동을 조정하는 신경 구조와 유전표현형이 DNA 같은 곳에 특징적으로 고정되어 있지 않다고 본다. 대신에 다수의 가소성^{plasticity}이라는 특징을 설명하는데, 이는 우리의 생물학적 구조 특성이 우리 경험의 반응으로 인해 바뀔 수 있다는 것을 말한다.

신경가소성^{neuroplasticity}은 어떻게 경험이 뇌 구조의 변화를 일으킬 수 있는지를 반영하며, 발현가소성^{phenotypic plasticity}은 어떻게 경험이 우리의 몸과 뇌를 통해 세포 수준에서 유전자 발현의 변화를 만드는지 설명한다. 행동후성유전학 연구로부터 온 거대한 메시지는 인간의 성장과 변화가 이를 도와주는 세포와 시냅스 변화에 기반을 두고 있다고 제안한다.

애착_중요한 것은
정서적 결속력

대다수의 사람들은 애착이
기본적으로 필요하고 중요하다는 것을 알고 있다.
그럼에도 불구하고 사람들은
애착의 중요성을 때로는 간과하고 있다.

애착^{attachment}이란 영아가 특정 사람들과 가까이 있으려 하고, 그들과 있을 때 안정감을 느끼는 경향이다. 과거의 심리학자들은 엄마에 관한 애착이 발달하는 것은 영아의 기본적인 욕구 중의 하나인 '먹을 것'이 그 원천일 것이라고 예상했다. 그러나 이러한 예상은 빗나갔다.

원숭이를 대상으로 한 일련의 애착 실험을 보면, 원숭이 어미와 새끼 간의 애착에는 '먹여주는 것' 이상의 것이 있음을 알 수 있었다(Harlow&Harlow, 1969).

애착 실험

　어린 원숭이의 애착 실험에서는 두 실험 조건을 만들어 어린 원숭이가 스스로 선택하게 했다. 하나는 천으로 만들어진 인공 어미 원숭이였고, 다른 하나는 먹이를 먹을 수 있도록 인공 어미 원숭이에 우유병을 매달았다.

　할로우Harlow 실험은 사진 〈어린 원숭이의 애착 실험〉에서 보듯이, 어린 원숭이가 먹이를 제공하는 인공 어미에게 매달려 있는가를 알아보는 것이었다. 어린 원숭이는 배고플 때만 먹이를 제공하는 인공 어미에게 매달려 있었고, 그 외의 나머지 시간에는 천으로 만들어진 인공 어미에게 매달려 있었다. 즉 부드러운 접촉이 안정감의 원천이었던 것이다.

　이러한 내용을 바탕으로 인간 영아의 애착에 관한 대부분의 연구는 1950~1960년대 심리학자 볼비Bowlby로부터 시작되었다. 볼

| 어린 원숭이의 애착 실험 |

비는 탁아소와 병원에서 엄마와 분리되어 있는 영아 및 어린 아동들의 행동을 관찰하면서 애착에 관심을 가졌다.

그의 연구를 보면, 생의 초기에 한 사람 또는 몇 사람과 안정된 애착을 형성하지 못한 아동은 성인기에 친밀한 인간관계를 형성하기 어렵다는 것을 알 수 있다(Bowlby, 1973).

애착 유형

볼비의 동료인 에인스워스Ainsworth는 우간다 및 미국의 아동과 그들의 어머니를 집중적으로 관찰해 12개월부터 유아의 애착 안정성을 측정하는 실험실 절차를 개발했다(Ainsworth, Blehar, Waters& Wall, 1978).

표 〈낯선 상황 장면〉에서 보듯이, 낯선 상황strange station으로 칭해지는 이 절차는 아이를 주로 돌보는 이가 방을 나갔다가 다시 돌아올 때, 아이의 반응이 어떠한지를 관찰하는 일련의 에피소드들로 구성되어 있다.

에인스워스는 일방향 거울을 통해 이 과정 전체에 걸쳐 유아의 행동을 관찰했다. 유아의 활동 수준, 놀이에 몰입, 울음과 불편한 징후들, 엄마와의 근접성과 엄마의 주목을 얻으려는 시도, 낯선 이와의 근접성과 상호작용하려는 정도 등의 행동을 토대로 유아들의 애착 유형을 구분했다.

| 낯선 상황 장면 |

장면	사건	관찰된 애착 행동
1	연구자가 부모와 아이에게 놀이방을 소개한 후 나간다.	
2	아이가 장난감을 가지고 노는 동안 부모는 앉아 있다.	안전 기지로서의 부모
3	낯선 사람이 들어오고, 자리에 앉고, 부모에게 말을 한다.	친숙하지 않은 어른에 관한 반응
4	부모가 방에서 나간다. 낯선 사람이 아이에게 반응하고 만약 아이가 불편해하면 위로한다.	분리불안
5	부모가 들어오고, 아이를 반기고, 필요하다면 위로한다. 낯선 사람이 방을 나간다.	재결합에 관한 반응
6	부모가 방을 나간다.	분리불안
7	낯선 사람이 들어와서 위로한다.	낯선 사람에 의해 달래지는 능력
8	부모가 돌아오고, 아이를 반기고, 필요하다면 위로하며 아이가 장난감에 다시 흥미를 갖도록 도와준다.	재결합에 관한 반응

장면1은 30초 정도이고, 나머지 장면들은 각각 약 3분씩 지속된다. 만약 분리 장면에서 아이가 너무 운다면 중간에 끝낸다. 만약 재결합 장면에서 아이가 진정하고 놀이로 돌아가는 데 더 많은 시간이 필요하다면 장면을 연장한다.

Ainsworth et al., 1978.

- 안정 애착secure attachment: 부모가 영아의 요구에 제대로 반응해 주고 안정적으로 상호작용을 해주는 경우 안정 애착이 형성된다. 안정 애착 유형의 유아는 양육자와 함께 있을 때 탐색 행동이 많은 편이다.

  이 유아들은 분리 불안이 유도되었을 경우(예를 들어 양육자가 갑자기 방을 나감), 그에 따른 적절한 불안감을 호소한다. 그러나 양육자가 돌아와 재회하면 양육자에게 달려가 정서적 안정을 추구하고, 긍정적 상호작용을 재개하는 행동을 보인다.

- 불안정 회피애착avoidant attachment: 양육자와의 이별에 별다른 반응을 보이지 않는다. 양육자가 방을 떠나도 울지 않고, 양육자가 돌아와도 무관심하거나 모른 척한다. 부모가 자기중심적이고 강압적이며 지나친 자극을 주는 경우 회피애착이 생긴다. 회피애착 유형의 유아의 경우 낯선 상황에 대해 불안감 자체를 별로 느끼지 않는다.

- 불안정 저항애착resistant attachment: 부모의 일관되지 못한 양육으로 인해 불안 애착이 생긴다. 불안정 저항애착 유형은 부모에게 접촉을 시도하지만 접촉으로 마음의 안정을 찾지 못하는 형태를 말한다.
  이 유형의 유아들은 양육자에게 자주 매달리거나 심지어 차거나 미는 등의 공격적인 행동을 보이기도 한다. 아이는 부모가 방을 떠나면 매우 큰 스트레스 반응을 보이지만 막상 양육자가 방으로 들어와 달래주려고 하면 더욱 크게 운다든지, 화를 내는 등 양가적 행동을 보이기도 한다.

- 불안정 혼란애착disorganized attachment: 불안정 애착의 가장 심한 형태로 회피애착과 저항애착이 결합된 형태다. 양육자와 재

결합했을 때 몸을 흔들거나 얼어붙은 표정으로 양육자에게 접근하거나 양육자가 안아주어도 먼 곳을 쳐다보는 등 일관성 없는 행동을 보인다. 영아의 5~10%가 이 유형에 속한다. 부모의 무시, 방치, 학대로 인해 혼란애착이 형성된다.

에인스워스에 의하면 생의 첫해 안정 애착은 삶의 심리적 발달에 관한 중요한 토대를 제공한다고 했다. 안정 애착이 형성된 영아는 돌보는 사람으로부터 아이 마음대로 멀리 이동하지만, 주기적으로 주양육자를 흘끗 보면서 그의 위치를 계속 주시한다.

이들은 타인에게 긍정적으로 반응해 그들로 하여금 한번 안아보게 한다. 그런 다음 그들이 내려놓으면 다시 자유롭게 움직이면서 논다. 이에 반해 불안정 애착 영아는 돌보는 사람을 회피하거나 주양육자에게 양가적 감정을 보이며 낯선 사람을 두려워하고, 일상에서 돌보는 사람과의 잠깐 분리에도 혼란스러워한다.

인지발달_인간이 가진 지적 능력에 관한 이야기

현재 어린 자녀를 양육하고 있거나 양육 경험이 있는 부모라면
아동이 신체적으로 성장하면서 동시에
지적 능력에도 변화가 일어난다는 사실을 알 것이다.
그런데 그 변화의 본질에 관해서는 잘 모르는 경우가 많다.
바로 이 영역이 인지발달 영역이다.

일반적으로 인지^{cognition}란 지능, 사고, 추론, 언어, 지각, 기억 등
인지적인 여러 기능을 포함하는 정신과정$^{mental\ processing}$이다. 인지발
달이란 여러 가지 인지기능 또는 인지능력의 복합적인 발달과정
이다.

피아제^{Piaget}는 아동의 인지발달에 관해 '아동이 성숙해감에 따라
사고와 추론 등의 인지능력이 몇 개의 뚜렷한 단계를 거치면서 발
달한다'라는 인지발달이론을 제안했다.

피아제의 인지발달이론

피아제는 인간의 행동을 환경에 관한 적응^{adaptation}이라는 관점에서 소개했다. 그는 아동이 세상에 관한 지식을 능동적으로 구성해가는 존재이므로, 아동이 발달해감에 따라서 정신의 재조직화 과정을 거쳐 지금보다 높은 수준의 인지발달을 이루게 된다고 이야기했다.

인지발달 수준은 연령에 따라 질적으로 변하며, 4단계 즉 '감각운동기-전조작기-구체적 조작기-형식적 조작기'를 거친다. 피아제는 인지발달이론을 전개하면서 도식^{scheme}, 동화^{assimilation}, 조절^{accommodation}을 주요 개념으로 제시했다.

갓 태어난 신생아는 주변 세상을 구성하고 있는 사물과 사람 그리고 자신의 행위가 그러한 사물과 사람에게 어떻게 영향을 미치는지에 대해 알지 못한다. 그러나 신생아는 쥐기, 던지기, 빨기와 같은 순환적인 행동양식을 이용해 사물과 사람에 관한 지식을 획득해간다. 이와 같은 환경 적응을 위한 지식이나 행동양식을 도식이라고 한다.

청소년이나 성인도 피아노를 연주하거나 자동차를 운전할 때 이러한 행동도식을 이용하며, 동시에 내면화된 추상적 도식도 획득한다. 이러한 내면화된 도식을 통해 사물을 정신적으로 조작하고 분류하며, 그들 간의 관계를 이해할 수 있다.

한편 아동이 이미 가지고 있는 도식을 적용해 새로운 사물이나 대상을 이해하고 적응해가는 인지적 과정을 동화라 한다. 예를 들어 손으로 물체를 잡는 도식을 가지고 있는 아동이 손에 닿는 것 (장난감 등)은 무엇이든 잡으려고 행동하는 경우가 동화다.

이에 비해 조절은 기존의 도식으로 새로운 사물이나 대상을 동화하는 데 실패하는 경우, 기존의 도식을 새로운 사물이나 대상에 적응할 수 있도록 바꾸어가는 인지적 과정을 말한다. 이러한 조절을 통해 아동은 새로운 도식들을 획득한다.

인간은 동화나 조절을 통해 더 많은 도식을 획득해가면서 인지발달을 이룬다. 피아제는 모든 인간이 비슷한 연령을 지나면서 질서 있고 예측 가능한 4가지 인지발달 단계를 거치게 된다고 보았다. 이 과정에서 상위의 인지발달이 이루어지기 위해서는 이전 단계의 인지발달이 필수적으로 요구되며, 연령이 증가할수록 구체적인 사고능력을 넘어 보다 추상적인 사고능력을 발달시켜가는 것으로 보았다(Davis&Palladino, 1997).

피아제가 제시한 인지발달 4단계는 다음과 같다.

1단계: 감각운동기

인지발달이론의 첫 번째 단계는 생후 2년 동안 이루어지는 감각운동기$^{sensorimotor\ stage}$다. 이 기간 동안 영아는 출생 때부터 갖고 있던 빨기나 잡기와 같은 반사적인 행동으로 세상의 사물을 탐색한다. 이러한 과정을 통해 자신의 행동과 그 결과 간의 관계를 발견한다.

감각운동기에 이루어지는 중요한 발달 중 하나가 바로 대상영

| 아동과의 까꿍놀이 |

속성^{object permanence} 개념을 획득하는 것이다. 생후 약 6개월 된 아동에게 가지고 놀던 공을 넓은 천으로 덮어서 가리면 아이는 공이 없어졌다고 생각해서 운다. 그러나 생후 10개월 정도 된 아동이라면 천 아래에 숨겨진 공을 찾으려 한다. 즉 눈에 보이지 않아도 계속 존재하고 있다는 사실을 알고 있다는 뜻이다. 이는 대상영속성의 개념을 획득한 것으로 보면 된다.

이러한 대상영속성 개념의 획득은 아동이 보이지 않는 물체의 존재를 생각할 수 있게 되었다는 점에서 내적 표상 또는 정신적 표상능력을 갖게 되었음을 의미한다.

대상영속성은 사진 〈아동과의 까꿍놀이〉에서 보듯이 아이와의 까꿍놀이를 통해서 키울 수 있다.

2단계: 전조작기

인지발달이론의 두 번째 단계는 생후 2~7세경까지 진행되는 전조작기preoperational stage다. 이 시기의 아동은 물체나 사건을 내적으로 잘 표상할 수 있고, 언어와 내적 상상을 통해 세상을 이해할 수 있다. 아동은 성장하며 가장놀이pretend play를 하거나 인형이나 장난감 자동차를 실제 사람이나 자동차처럼 가지고 놀기도 한다.

또한 이 시기의 아동은 사물이나 대상을 나타내기 위해 단어를 사용하는데, 이는 전조작기의 아동이 상징적 표상을 사용해 실제 대상을 표현할 수 있게 되었음을 의미한다.

그러나 전조작기의 아동은 체계적이고 논리적으로 사고하는 능력이 결여되어 있다. 피아제는 '논리적으로 사고하는 능력'을 조작operation이라는 용어로 표현했는데, 이 단계의 아동을 '조작능력이 발달하지 못했다'는 의미에서 '전조작기'라고 명명했다.

전조작기 아동의 또 다른 특징으로 자기중심성egocentrism을 들 수 있다. 이는 아동이 사물이나 사건을 대할 때 자신의 관점에서만 보고, 타인의 관점이나 견해를 이해하지 못하는 경향이다. 이는 자신과 외부 세계를 구분하지 못하기 때문에 그렇다. 즉 자신의 입장에서만 사물을 보고, 타인의 입장이 자신의 입장과 다를 수 있다는 점을 고려하지 못한다.

전조작기의 아동은 자신의 눈을 천으로 가리면 타인도 자신처럼 볼 수 없을 거라고 생각한다. 이러한 자기중심성은 사회적 관계뿐만 아니라 공간지각, 언어 등에서도 나타난다.

전조작기 아동은 보존^{conservation} 개념 또한 형성되기 전이다. 보존 개념이란 대상의 겉모양이 변해도 그 양이나 내용은 변함이 없다는 것이다. 전조작기 아동의 보존 개념에 관한 연구는 액체의 보존, 수의 보존, 부피의 보존, 무게의 보존 등의 실험을 통해 이루어져 왔다.

예를 들어 그림 〈전조작기 아동의 보존개념 실험〉에서 보듯이 액체의 보존 실험에서 5세 이전의 아동에게 동일한 크기의 비커(A, B)에 든 물을 보여주고, 그중 1개의 비커(B)에 든 물을 폭이 좁지만 높이가 더 높은 비커(C)에 붓고 나서 A와 C 중 어느 쪽의 물이 더 많은지 물어본다. 이때 보존 개념을 획득하지 못한 이 시기의 아동은 두 비커의 물의 양이 같음을 이해하지 못하고, 비커 C에 든 물이 더 많다고 대답한다.

전조작기 아동이 보이는 보존 개념상의 한계는 중심화^{centration} 경향으로 설명된다. 이 시기의 아동은 어떤 사물이나 사건을 볼 때 한 측면에만 집중하는 경향이 있기 때문이다. 따라서 실험에서도

전조작기 아동의 보존개념 실험

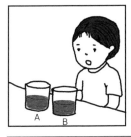

비커 C에 든 물의 높이가 A에 든 물의 높이보다 높다는 측면에만 집중하다 보니 비커 C의 폭이 A에 비해 좁다는 점을 간과해서 두 비커에 든 물이 같다는 판단을 못하는 것이다.

여러 유형의 보존 개념은 연령에 따라 다르게 획득된다. 일반적으로 보면 수의 보존 개념은 5~6세경에, 무게나 액체의 보존 개념은 7~8세경에, 부피의 보존 개념은 11~12세경에 획득되는 것으로 알려져 있다.

3단계: 구체적 조작기

인지발달이론의 세 번째 단계는 생후 7~12세에 걸쳐 진행되는 구체적 조작기concrete operational stage다. 이 시기의 아동은 전조작기에서 보이던 논리적 사고의 한계를 극복함에 따라 액체, 수, 부피, 무게 등에 관한 여러 가지 보존 개념을 획득한다. 그리고 자기중심성에서 벗어나 타인의 입장을 고려하고 추론할 수 있다. 동시에 타인도 자신의 입장을 추론할 수 있다는 것을 안다.

전조작기의 아동과 달리 이 시기의 아동은 논리적 조작을 할 수 있다. 그래서 높이, 무게 등의 차원을 기초로 해 물체 또는 대상을 배열할 수 있으며, 일련의 행동에 관한 정신적 표상을 할 수 있다.

만 5세 정도의 아동은 집에서 유치원까지 길을 따라갈 수 있다. 그러나 종이에 그 경로를 그리지는 못한다. 그 이유는 집에서 유치원까지의 경로에 관한 전체적인 인지도cognitive map가 없어서다. 반면에 8세경에는 이러한 경로를 종이에 쉽게 그릴 수 있다.

이처럼 구체적 조작기의 아동은 문제에 논리적으로 접근해갈 수 있다. 다만 이들이 보이는 능력은 자신이 다룰 수 있거나 현재 다루고 있는 구체적인 대상이나 상황에 국한될 뿐이다. 자신이 가설을 설정해 문제해결에 접근해가거나 추상적인 대상이나 상황에 관한 사고를 하는 것은 아니다. 이러한 인지능력은 최종 단계인 형식적 조작기에서 가능하다.

4단계: 형식적 조작기

인지발달이론의 네 번째 단계는 생후 11~12세경부터 시작해 15~16세경까지 진행되는 형식적 조작기formal operational stage다. 이 시기의 아동은 구체적 조작기에서 할 수 없었던 가설 설정을 통한 문제해결이 가능하며, 구체적 상황이나 현재 상황을 뛰어넘어 추상적인 사고까지 할 수 있다. 사랑, 정의, 평화와 같은 추상적인 상징에 관해서 이해할 수 있고, 그 추상적 개념을 활용할 수도 있다.

도덕발달_우리의 행위를 양심에 맡겨도 되겠는가

인간은 양심에 따라 도덕적 판단을 내리고 행동해야 할 때가 있다.
그런데 모든 사람들이 자신의 행위를 양심적이라고 말할 수 있을까?
심리학자인 콜버그의 도덕발달단계를 통해서
도덕적 판단에 관한 내용을 살펴보자.

콜버그Kohlberg는 '하인츠의 이야기(딜레마)'와 같은 가상적인 도덕
적 딜레마 상황을 제시하고, 연령별로 '개인이 그러한 상황에 처했
을 때 어떻게 행동할 것인가, 왜 그러한 판단을 내리게 되었는가'
를 연구했다. 이를 통해서 도덕성의 내용 그 자체보다는 도덕적 사
고구조에 중점을 두었다.

다음은 콜버그가 제시한 이야기 중 하나다.

한 부인이 암으로 죽어가고 있었다. 그런데 그 부인이 사는 마
을에서 한 약사가 그 암을 치료할 것으로 기대되는 신약을 개
발했다. 약사는 그 약을 만들기 위해 200달러를 투자했으며,

약 한 알의 가격을 2천 달러로 책정했다. 죽어가는 부인의 남편 하인츠 씨는 있는 힘을 다해 돈을 모았지만, 1천 달러밖에 모으지 못했다. 하인츠 씨는 약사를 찾아가서 아내가 죽어가고 있으니 약값을 절반으로 깎아달라고 애걸했지만, 약사는 이를 거절했다. 나중에 나머지 절반을 갚겠다는 요청까지도 거절했다. 절망한 하인츠 씨는 결국 그날 밤 약사의 연구실에 침입해 신약을 훔치고 말았다.

콜버그는 인간의 도덕발달단계^{stages of moral development}에서 단계에 관한 개념과 수준 그리고 수준에 따른 세부적인 각 단계를 제시하고 있다. 이 발달단계에는 개인이 자료를 분석하고 해석하며 개인이나 사회의 문제에 관해 결정을 내리는 방식을 포함하고 있다. 이뿐만 아니라 도덕발달단계는 덜 복잡한 단계에서 복잡한 단계로 발달이 진행된다. 마지막으로 도덕발달단계는 인간과 환경 간의 상호작용에 기초하고 있다.

도덕발달단계

콜버그는 도덕발달단계를 인습이라는 개념을 통해서 설명하고자 했다. 그는 인습^{convention}을 자신이 속한 가족, 사회와 국가의 기대에 맞는 행동, 힘이 있거나 권위적인 타인의 칭찬을 획득, 사회 질서의 유지를 위해 규칙과 기준을 따르고 타인의 관점을 인식하면서 집단 또는 집단 구성원을 동일시함을 말하고 있다.

이러한 개념을 바탕으로 콜버그의 도덕발달단계에 대해 살펴보자. 표 〈콜버그의 도덕발달단계와 주요 특징〉에서 보듯이, 3수준 6단계로 구분되어 있다.

| 콜버그의 도덕발달단계와 주요 특징 |

수준 / 단계	주요 특징
	• 1수준: 전인습적 도덕성preconventional morality
1단계	처벌 지향punishment orientation: 처벌을 피하기 위해 규칙을 준수
2단계	보상 지향reward orientation: 보상을 얻고, 혜택을 돌려받기 위해 동조
	• 2수준: 인습적 도덕성conventional morality
3단계	착한 소년-소녀 지향good-boy/good-girl orientation: 타인의 비난을 피하기 위해 동조
4단계	권위 지향authority orientation: 권위 있는 기관의 제재를 피하고 개인의 의무를 수행하지 않은 것에 관한 죄책감을 피하기 위해 법과 사회 규칙을 준수
	• 3수준: 후인습적 도덕성postconventional morality
5단계	사회계약 지향social contract orientation: 공공복지에 핵심적인 것으로 공인된 원칙에 따르는 행위로 또래로부터의 존중을 받고, 따라서 자기존중을 유지시키는 원칙
6단계	윤리적 원칙 지향ethical principle orientation: 일반적으로 정의, 인간존엄 그리고 평등을 가치 있게 여기는 자율적 윤리 원칙에 따라 이루어진 행위로, 자기 비난을 피하기 위해 지키는 원칙

제1수준: 전인습적 수준 preconventional level

1단계는 처벌 지향이다. 처벌을 피하고자 규칙과 권위에 복종, 비합리적, 무조건적으로 외부 권위에 순응한다. 규칙을 어긴 행위 그 자체보다 그러한 행동은 벌을 받기 때문에 나쁘다고 인식하며, 권위가 있는 사람에게 복종하는 것을 도덕적인 가치로 본다.

2단계는 보상 지향이다. 아동은 보상을 얻기 위해, 개인적인 목적을 달성하기 위해 규칙을 따르며 자신과 타인을 만족시키기 위해 도덕적인 행동을 한다. 자신의 욕구와 쾌락에 따라서 도덕적인 가치를 판단하며, 자신의 욕구를 충족시킬 수 있는지 또는 없는지 그 여부가 도덕적 판단의 기준이 된다.

제2수준: 인습적 수준 conventional level

3단계는 착한 소년-소녀 지향이다. 도덕이란 타인과 좋은 관계를 유지하는 것이고, 타인으로부터 칭찬을 받는 행위 등이라고 여긴다. 착한 행동을 하므로 타인에게 인정받고, 사회적 규제를 수용하며, 의도를 통해서 행위의 옳고 그름을 판단한다.

4단계는 권위 지향이다. 법과 사회질서를 유지하면서 자신의 의무를 다하는 것이 올바른 행동이라 생각한다. 선한 행동이란 사회가 정한 규칙이나 역할을 따르는 것이며, 도덕적인 판단의 근거가 타인 중심에서 벗어나 사회규범으로 바뀐다.

제3수준: 후인습적 수준^{postconventional level}

5단계는 사회계약 지향이다. 법과 질서가 무조건 옳은 것이 아니라 사회적인 유용성에 따라 합의에 이르게 되면 바뀔 수 있다. 법률에 따라 행동하는 것을 도덕적인 것이며, 법이란 사람들이 살아가기 위해 공동체가 동의한 것으로 인식하지만 법이 개인의 권리나 존엄성에 침해를 가한다면 바꿔야 한다고 생각한다.

6단계는 윤리적 원칙 지향이다. 최고의 선은 자신이 선택한 보편적인 윤리적 원리를 따르는 것이라고 생각하며, 개인의 양심과 윤리적 원칙에 따라 옳고 그름을 정의한다. 이러한 원칙들은 법, 사회적 가치 또는 사회적 계약을 초월해서 인간의 존엄성, 포괄성, 보편성, 공평성 등을 지닌다. 이 단계에 오른 사람은 매우 드물고 실제로 이 수준에서 일관되게 행동하는 사람이 거의 없다. 그래서 콜버그는 6단계를 '이상적 단계'라고 표현하기도 했다.

양육방식_다른 아동으로 키우게 된다

부모가 애정과 협동을 기반으로 부모-자녀 관계를 형성하고,
성숙한 행동에 관한 모델과 강화를 제공하며,
훈육을 통해 아동에게 새로운 기술 숙달을 지도하고 격려함으로써
아동의 유능감을 촉진시킬 수 있다.

아동 양육의 유형child-rearing style은 다양한 상황에서 나타나면서 지속적인 양육 분위기를 만들어내는 양육 행동의 조합이다. 이와 관련해 바움린드Baumrind는 학령전기 아동들과 상호작용하는 부모들을 관찰함으로써 양육 정보를 수집했다(Baumrind, 1971).

바움린드의 연구를 확대시켜 효과적인 유형과 덜 효과적인 유형을 일관되게 구분 짓는 3가지 특징이 밝혀졌다. '첫째, 부모가 자녀에게 수용과 관여하는가, 둘째, 통제하는가, 셋째, 자율성 부여를 하는가'다(Gray&steinberg, 1999; Hart, Newell&Olsen, 2003). 이러한 점이 양육 유형을 달리하고 있다. 표〈부모의 양육 유형〉은 양육 유형이 각각의 특징에서 어떻게 다른지를 보여준다.

| 부모의 양육 유형 |

양육 유형	수용과 관여	통제	자율성 부여
권위적	따뜻하고 반응적이다. 세심하며 자녀의 요구에 민감하다.	성숙을 위한 합리적인 요구를 하고, 일관되게 요구하며 설명한다.	자녀의 준비도에 따라 결정할 수 있다. 자녀에게 생각과 감정, 욕구를 표현할 수 있게 장려한다.
권위주의적	냉담하고 거부적이다. 아동을 자주 면박한다.	저항하면 힘과 처벌을 사용해 강압적으로 요구한다. 종종 심리적 통제, 애정의 철회, 아동의 인격을 침해한다.	자녀를 위해 결정을 내린다. 자녀의 입장에 거의 귀를 기울이지 않는다.
허용적	따뜻하지만 과도하게 관대하거나 세심하지 못하다.	요구가 적거나 거의 없다.	자녀가 준비되기도 전에 결정을 내리게 만든다.
방임적	정서적으로 분리, 철회되어 있다.	요구가 적거나 거의 없다.	자녀의 의사결정과 견해에 무관심하다.

유형1: 권위적 양육

권위적 양육 유형authoritative parenting style은 양육의 가장 성공적인 접근법이다. 이는 높은 수용과 관여, 적응적인 통제 기술, 적절한 자율성 부여와 관련이 있다. 권위적인 부모는 따뜻하고 세심하며, 아동의 요구에 민감하다.

권위적 양육 유형의 부모는 즐겁고, 정서적으로 풍부한 부모-자녀 관계를 형성해 자녀와 친밀하다. 동시에 단호하고 합리적인 통제로 자녀를 훈련시킨다. 또한 그들은 성숙한 행동을 강조하고 자녀에게 점차 적절한 자율성을 부여하며 자녀가 준비되어 있는 부분부터 스스로 결정할 수 있도록 기회를 제공한다. 그래서 권위적 양육은 아동에게 있어 자기통제감, 과제 지속, 협동성 높은 자기존중감, 사회적·도덕적 성숙, 학교에서의 높은 성취와 연관이 깊다.

유형2: 권위주의적 양육

권위주의적 양육 유형^{authoritarian parenting style}은 수용과 관여가 낮고, 강압적인 통제가 높으며, 자율성 부여가 낮다. 권위주의적인 부모는 냉담하고 자녀에게 높은 거부를 보인다. 그들은 자녀를 통제하기 위해 소리를 지르고 명령하며 비난하고 위협한다. 그들은 자녀를 위해 결정을 내리고, 자녀가 무조건적으로 그들의 말을 받아들일 것을 기대한다.

권위주의적 부모는 만약 아동이 저항하면 힘과 처벌을 가한다. 이들 자녀는 자기존중감과 자기 신뢰가 낮고, 불안과 적대적인 경향이 강하다.

유형3: 허용적 양육

허용적인 양육 유형^{permissive child-rearing style}은 따뜻하고 수용적이지만 무관여적이다. 허용적인 부모는 과도하게 관대하거나 세심하지 못하다. 그들은 자녀의 행동을 통제하지 않고, 아동의 능력이 아직 충분하지 않음에도 각 연령에서 스스로 많은 결정을 하게 한다. 자녀들이 원할 때 언제라도 식사하게 하고, 자고 싶으면 자게 하며, 원하는 만큼 놀게 한다. 아들은 바른 예절을 배울 필요가 없다고 생각하고, 어떤 종류의 집안일도 하지 않는다.

허용적 양육 유형의 부모들은 자녀의 행동에 영향을 미치는 자신의 능력에 있어서 자신감이 결여되어 있다. 그들 자녀는 충동적이고 불복종하며 반항적인 경향이 강하다.

유형4: 방임적 양육

방임적인 양육 유형uninvolved child-rearing style은 통제가 거의 없고 자율성 부여에 무관심하면서 낮은 수용 및 관여와 관련이 있다. 이 유형의 부모들은 종종 정서적으로 분리되어 있고 우울하며, 자녀를 위한 시간과 에너지의 여유가 거의 없고 스트레스가 많다.

극단적인 경우 이러한 양육 방식이 일찍 시작되면 애착, 인지, 정서, 사회적 기술을 포함하는 발달의 모든 측면에서 문제가 심각해질 수 있다.

부모의 방임을 지속적으로 경험한 아동과 청소년은 빈약한 정서적 자기조절, 학교에서 성취의 어려움, 반사회적 행동 등과 같은 문제가 보일 경향이 강하다.

무엇이 권위적 양육을 효과적이게 하는 것일까? 권위적 양육을 위해서는 긍정적인 부모의 영향을 위한 정서적 맥락을 만들어주는 것이 중요하다.

- 따뜻하고 관여하는 부모는 자녀에게 자신감, 자기통제적인 태도뿐만 아니라 돌봄과 관심의 모델을 제공한다.

- 자녀는 점점 순응하는 경향이 생기고, 공평하고 합리적인 통제를 내면화시킨다.

- 권위적 부모는 자녀가 자신의 행동에 관한 자율성을 부여하며 책임감을 요구한다. 자신이 유능한 사람이라는 것을 자녀 스스로 알게 함으로써 높은 자기존중감과 인지적·사회적 성숙을 촉진시킨다.

- 부모의 수용, 관여, 이성적 통제를 포함하는 권위적 유형의 지지적 측면들은 가정 내 스트레스와 가난의 부정적 영향으로부터 아동을 보호하도록 돕는다.

결론적으로 부모가 인내를 가지고 확고하게 중재할 때 긍정적인 부모-자녀 관계를 위한 기반을 갖추게 되고, 아동의 바람직한 적응이 촉진될 것이다.

근묵자흑과 자녀의 정체감 발달 과정

근묵자흑近墨者黑은 '먹을 가까이 하다 보면 자신도 모르게 검어진다'라는 뜻으로, 사람도 주위 환경에 따라 변할 수 있다는 것을 비유한 말이다. 훌륭한 스승을 만나면 스승의 행실을 보고 배움으로써 자연스럽게 스승을 닮게 되고, 나쁜 무리와 어울리면 보고 듣는 것이 언제나 그릇된 것뿐이어서 자신도 모르게 그릇된 방향으로 나아가게 된다는 것을 일깨운 고사성어다. 중국 서진西晉 때의 문신이자 학자인 부현博玄의 『태자소부잠太子少傅箴』에 이 고사성어가 나온다.

아동은 어릴 때 자신의 정체성을 형성하는데, 이때 부모는 매우 중요한 역할을 한다. 부모가 보이는 여러 모습을 통해서 아이는 정체성을 만들어간다. 부모가 좋아하는 것과 싫어하는 것에 관해 아동도 부모의 행위를 따라 하기 때문이다.

다음으로 아동은 아동기로 접어들면서 부모보다 또래에게 집중한다. 또래와의 상호작용을 통해서 자신의 정체성을 만들어간다.

마지막으로 청소년기가 되면 타인에 의해서 정체감이 형성되는 것이 아니라, 비로소 자기 자신을 통해서 정체감을 만들어간다.

결론적으로 아동은 부모를 통해서, 또래 친구들을 통해서 그리고 자기 자신을 통해서 정체감을 형성한다. 이 과정에서 근묵자흑이 중요하다. 아동에게 부모가 어떤 역할을 하고 또래가 어떤 역할을 하느냐에 따라 아동이 건강한 정체성을 형성하기 때문이다.

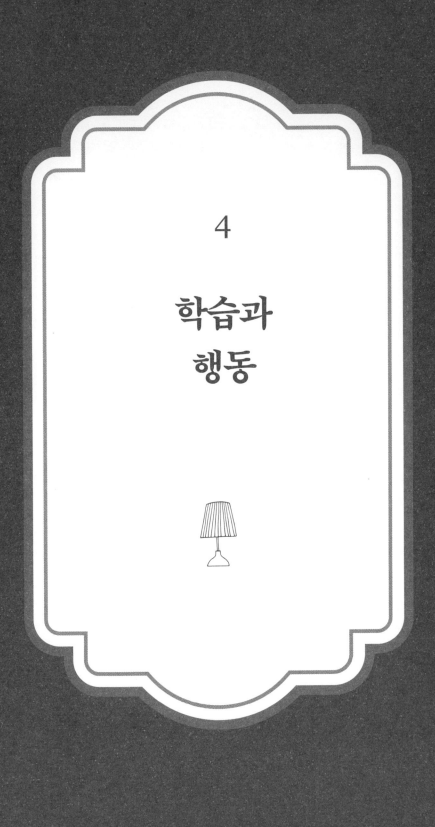

4

학습과
행동

'학습하지 않고 살아갈 수 있는 것이 있을까?' 하고 생각해보면 사실 그런 경우는 많지 않다. 그만큼 인간은 태어나 죽음에 이르기까지 새로운 환경에 적응하고 자신의 능력을 발휘하기 위해서 많은 시도와 노력을 한다. 그리고 이를 통해 얻는 행동과 지식이 대부분일 것이다.

처음부터 잘하는 것은 별로 없다. 잘하기 위해서 부단한 시도와 노력이 필요하다. '학습'은 경험을 통해 얻어지는 행동과 지식에서의 비교적 영속적인 변화다. 한번 제대로 습득하면 거의 평생 동안 활동할 수 있는 것이 학습된 행동과 지식이다.

처음부터 능수능란하게 잘하는 사람은 없다. 그렇기 때문에 우리의 학습능력은 끝이 없다. 매일 새로운 것들을 배우고, 과거에 학습한 것들을 끊임없이 사용한다. 학습은 우리가 어떻게 인지하고, 기억하고, 행동하는가에 영향을 미치고 있다.

고전적 조건화_자극에 따라 다르게 행동한다

자극이 주어지면 그 자극에 의한 반응, 즉 행동을 하게 된다.
이러한 과정에서 학습된 행동이 나타난다. 이를 고전적 조건화라고 한다.
이 원리에 의하면 자극이 어떻게 주어지느냐에 따라서
반응, 즉 행동이 달라진다.

학습원리인 고전적 조건화classical conditioning는 러시아 생리학자인 파블로프Pavlov에 의해 처음 연구되었다. 파블로프는 처음부터 학습원리를 연구한 것은 아니었다. 생리학자인 파블로프는 개의 소화계 연구, 개에게 고깃가루를 준 다음 타액이 얼마나 분비되는지 그 현상을 연구했다.

파블로프는 개의 타액을 측정했는데, 고깃가루를 줄 때마다 이와 연합된 자극에 관해서도 개가 타액을 분비하고 있음을 발견했다. 즉 개가 고기를 담았던 그릇이나 고기를 주었던 실험 보조원, 심지어 실험 보조원의 발자국 소리 등에도 타액을 분비하게 된다는 사실을 발견했다.

원래 이 연구의 목적은 생리학 연구로서 소화계에 관한 것이었
다. 그런데 연구를 진행하면서 개의 타액 분비를 통제할 수 없게
되었다. 그래서 파블로프는 초기 목적이었던 소화에 관한 연구보
다 그림 〈고전적 조건화의 원리〉와 같은 현상에 더 많은 관심과 흥
미를 가지게 되었고, 고전적 조건화 현상을 연구하기 시작했다.

고전적 조건화의 원리

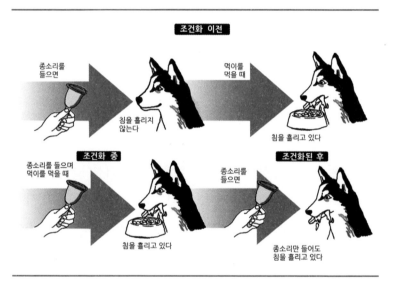

고전적 조건화에서는 처음에 어떠한 기능도 하지 않았던 자극
이 특정 반응을 유출할 수 있는 능력을 가지는 행동, 즉 학습된 행
동이 되었다.

고전적 조건화 과정

고전적 조건화를 시도하기 위해서는 먼저 반사 반응^{reflexive response}을 일으키는 자극이 필요하다. 이러한 자극을 무조건 자극^{UCS; unconditioned stimulus}이라 한다. 이 자극에 의한 자동 반응을 무조건 반응^{UCR; unconditioned response}이라 한다. 파블로프의 실험에서 사용된 고깃가루는 타액 분비를 일으키는 무조건 자극이며, 이 무조건 자극에 의해 분비되는 타액은 무조건 반응이다.

다음 단계는 무조건 자극과 이전에 무조건 반응을 일으키지 않은 자극인 중립 자극^{NS; Neutral Stimulus}을 연합시키는 과정이 필요하다. 이와 같은 연합^{association} 과정을 여러 차례 반복하면 중립 자극은 결국 무조건 자극이 없어도 반응, 학습된 행동을 한다.

이렇게 중립 자극이 그 자체만으로도 반응을 나타날 때 중립 자극은 조건 자극^{CS; Conditioned Stimulus}이 된다. 그리고 이 자극에 의한 반응은 조건 반응^{CR; Conditioned Response}이 된다. 학습된 행동^{learned behavior}을 보이는 것이다.

파블로프의 실험에서는 고깃가루가 무조건 자극으로 사용되었고, 이에 관한 무조건 반응은 타액 분비였다. 그리고 중립 자극으로는 종소리가 사용되었다. 중립 자극과 무조건 자극이 여러 차례 짝지어 제시된 후, 중립 자극인 종소리는 그 자체로서 타액 분비를 일으킬 수 있는 조건 자극^{CS}이 되었다. 이때 조건 자극에 의해 나오는 타액 분비는 조건 반응^{CR}이 되었다.

소거와 자발적 회복

고전적 조건화가 되었다고 하더라도 조건 자극이 조건 반응을
계속해서 유출시키는 것은 아니다. 조건 자극이 조건 반응을 계속
보이려면, 가끔씩 조건 자극과 무조건 자극이 연합되어야 한다. 만
약 조건화가 형성된 후 무조건 자극이 전혀 나오지 않고 조건 자
극만 계속 제시되면 그 효과가 떨어져 결국 조건 반응을 유출시키
지 못한다. 그림 〈획득과 소거 그리고 자발적 회복〉에서 보듯이,
무조건 자극이 조건 자극과 연합되지 않음으로써 조건 자극이 반
응을 일으키지 못하는 현상을 소거[extinction]라고 한다.

예를 들어 파블로프의 실험에서 종소리를 울리고 난 후 개에게
음식을 전혀 주지 않으면 종소리는 결국 개의 타액 분비를 일으키
지 못한다. 조건 자극이 소거 과정을 통해 일단 능력을 상실한 것
처럼 보이더라도 24시간이 지난 후 조건 자극을 제시했을 때, 다시
조건 반응이 나타났다. 이를 자발적 회복[spontaneous recovery]이라고 한다.

획득과 소거 그리고 자발적 회복

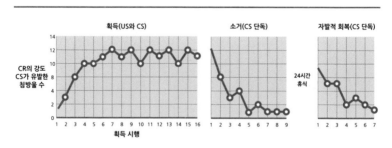

자극 일반화와 변별

어떤 자극이 조건 자극으로 형성되면, 이 자극과 유사한 다른 자극들도 무조건 자극과 연합된 적은 없어도 조건 반응을 유출시킬 수 있다. 이를 자극 일반화^{stimulus generalization}라고 한다. 그림 〈자극 일반화와 변별〉에서처럼 개가 고전적 조건화 원리에 따라 학습했다면, 이러한 자극 일반화 현상은 자극 일반화를 일으키는 자극과 본래 조건 자극 간의 유사성에 따라 그 정도가 달라질 것이다.

일반적으로 자극이 조건 자극과 유사하면 할수록 일반화는 더 쉽게 일어난다. "자라 보고 놀란 가슴 솥뚜껑 보고 놀란다"는 옛말이 자극 일반화를 설명하는 하나의 예다. 일반화된 자극 때문에 문

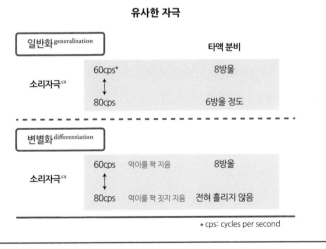

자극 일반화와 변별

유사한 자극

일반화^{generalization}

타액 분비

소리자극^{CS} 60cps* 8방울
          ↕
          80cps 6방울 정도

변별화^{differentiation}

소리자극^{CS} 60cps 먹이를 짝 지음 8방울
          ↕
          80cps 먹이를 짝 짓지 지음 전혀 흘리지 않음

* cps: cycles per second

제가 되므로 변별을 해야 한다. 변별^{discrimination}은 자극 일반화와 반대 현상으로, 자극 일반화 현상은 변별 과정을 통해 없어질 수도 있다.

심리학에서의 학습 영역과 대상

학습에 관한 연구를 보면, 다윈은 동물과 인간을 하나의 연속선상에 있는 것으로 보았다. 이를 기초로 심리학자들은 우선 동물의 학습 현상에 대한 연구를 시작했고, 동물 연구에서 밝혀진 원리를 바탕으로 인간에도 적용할 수 있는 학습 원리를 찾고자 노력해왔다. 사실상 많은 학습 원리가 인간과 동물에게 적용될 수 있다.

그런데 알고 보면 포유류를 포함해 일부 다른 동물도 학습할 수 있는 능력을 가지고 있지만 인간만큼 그 능력이 뛰어난 종은 없다. 진화를 통해 인간이 습득한 여러 가지 능력 중 아마도 가장 중요한 것이 학습 능력이 아닐까 싶다.

인간을 비롯한 동물은 환경에 적절하게 적응해야 생존을 유지할 수 있다. 그런데 주변의 환경 조건은 고정되어 있는 것이 아니라 끊임없이 바뀌고 있다. 변화하는 환경에 신속하게 적응할 수 있는 기제를 우리는 학습^{learning}이라고 표현한다.

환경_환경의 영향력이
유전을 넘어서다

인간이 갖고 있는 선천적인 능력보다도
살아가면서 더 중요한 것이 있다.
그것이 바로 환경이다.
행동주의 심리학에서는 인간에게 주어진 환경을 강조한다.

미국 심리학에서 과학적 심리학scientific psychology으로 발전하게 된
역사적 계기는 행동주의behaviorism 때문이었다고 해도 과언이 아니
다. 행동주의학자로 소개되는 왓슨은 의식 경험이 심리학의 대상
이라는 주장에 반발했다.

왓슨은 동물과 인간의 행동을 연구할 때 의식consiousness에 관해 언
급하지 않았다. 그는 심리학이 과학적 심리학이 되기 위해서는 심
리학적 데이터가 다른 과학들의 데이터처럼 공개적 검토가 가능
해야 한다고 주장했다. 그 당시 '행동은 공개적인 것이고 의식은
사적이므로 과학은 공개적인 사실만을 다루어야 한다'는 분위기와
함께, 초기 심리학에서 벗어나 새로운 심리학의 분야로서 행동주

의는 빠르게 전파되었다.

행동주의 학자 왓슨은 행동주의 심리학을 소개하며 다음과 같이 전하기도 했다.

> 나에게 건강한 유아와 그들을 잘 자라게 할 수 있는 환경만 제공해준다면, 나는 무작위로 그들 중 한 명을 택해 재능, 기호, 경향, 능력, 직업, 인종에 상관없이 그를 변호사, 예술가, 상인, 심지어 거지와 도둑까지 어떤 방면의 전문가가 되게 할 수 있다(Watson, 1930).

왓슨은 행동주의에 관한 실험의 전제가 자극^{stimulus}과 반응^{response} 간의 관계로 자극-반응 심리학이라고 했다. 자극과 반응 간의 관계를 연구한 사례가 있다. 바로 어린 알버트 실험이다.

그는 심리학의 연구대상은 오직 직접적으로 관찰이 가능한 행동이어야 함을 강조하며, 행동주의 이론이 심리학 안에서 객관적인 학문이 되기를 원했다.

어린 알버트 실험

왓슨의 '어린 알버트 실험$^{little\ Albert\ experiment}$'을 통해 자극과 반응 간의 연합으로 공포증상을 만들어낼 수 있음이 증명되었다. 왓슨은 파블로프의 고전적 조건형성 이론을 인간에게도 적용해보려

했던 것이다.

파블로프는 1890년대 개에게 고깃가루를 주고 흘리는 타액의 양을 측정하는 실험을 하던 중, 개에게 먹이를 주면(무조건 자극, UCS) 타액이 나오는 것(무조건 반응, UCR)에 종소리를 함께하면(중립자극이 조건 자극으로), 이후에는 종소리(조건 자극, CS)만 나도 바로 타액이 나오는 것(조건 반응, CR)이 학습된다는 것을 처음으로 밝혔다. 고전적 조건화가 동물에게 적용될 수 있다는 사실이 밝혀지면서 왓슨은 이를 인간에게도 적용할 수 있는지를 입증하려 했다.

실험과정

9개월 된 어린 알버트는 방 안에서 강아지와 흰쥐, 원숭이 같은 동물들, 사람의 가면, 불타는 종이 등의 물건들을 처음 접했다. 아이는 두려움 없이 손을 뻗어 만져보려 하면서 호기심을 보였다.

| 왓슨의 어린 알버트 실험 |

조건화 전 토끼를 보고 호기심을 갖는 장면　　　조건화 후 토끼를 보고 우는 장면

생후 9개월인 알버트를 대상으로 진행했던 이 실험은 아이의 기본적 성향을 알아보기 위한 실험이었고, 11개월에는 이 기본 정보를 바탕으로 아이에게 없었던 공포증을 만들어냈다.

이때 연구의 중요한 요소인 '망치'가 등장했다. 연구원은 뒤에서 쇠막대기를 망치로 때려 굉음을 울렸다. 망치가 연구의 핵심 요소인 이유는 망치로 인한 굉음이 아이에게 무조건적으로 두려움을 심어주는 요소이기 때문이다.

> 망치 소리에 놀란 알버트는 자지러지게 울기 시작했고 무서워했다. 두 달 후 11개월이 된 알버트에게 다시 흰쥐를 보여주었다. 알버트가 흰쥐를 만지려고 할 때마다 쇠막대기를 두드려 놀라게 했다. 알버트는 흰쥐를 보기만 해도 울음을 터뜨리며 공포감을 드러냈다. 이 실험 이후 알버트는 흰색 털이 있는 동물뿐만 아니라 물건에까지 두려움을 느끼는 모습을 보였다.

그는 어린 알버트의 실험 결과를 통해 인간의 감정이 고전적 조건화에 의해 학습이 가능하고, 인간의 행동은 특정한 자극과 조건만 주어진다면 언제든지 통제하거나 변화시킬 수 있다고 주장했다. 학계는 존 왓슨의 어린 알버트 실험에 열광했고, 이후 어린 알버트 실험이 미친 파급력은 막대했다.

우선 인간의 감정이 고전적 조건화에 의해 학습이 가능하다는 점이 밝혀졌고, 다음으로 행동은 특정한 자극과 조건만 주어진다면 학습이 가능하다는 점도 입증되었다. 또한 왓슨의 행동주의적 관점은 스키너와 같은 행동주의 심리학자들에게 영향을 주었고, 행동 치료의 발달에도 큰 영향을 미쳤다.

공포가 학습된다면 학습된 공포는 소거가 가능한가?

왓슨은 알버트의 공포 학습에 대해 연구한 후, 이미 특정 대상에 공포를 갖게 된 아동을 대상으로 공포를 제거하고자 했다. 피터는 3세 아동으로 쥐, 토끼, 모피 코트, 개구리, 물고기를 매우 무서워했다. 이에 왓슨과 존스는 다음과 같이 피터의 공포를 제거하고자 했다.

왓슨과 존스는 피터에게 그가 무서워하는 대상을 공포심 없이 가지고 놀고 있는 다른 아이들의 모습을 보여주었다. 그 결과, 두려움 반응에 약간의 향상이 있었다(반두라의 관찰학습 적용). 이때 피터는 성홍열을 앓아 병원에 가야 했다. 회복되어 간호사와 함께 집으로 돌아오는 길에 개의 공격을 받아서 피터의 공포가 다시 악화되었다. 왓슨과 존스는 피터를 탈조건화시키기로 결심했다.

피터는 폭이 40피트, 대략 12m가 되는 방에서 점심을 먹었다. 어느 날 피터가 점심을 먹고 있을 때 우리 안에 있는 토끼를 보여주었다. 피터가 불안해하지 않도록 충분히 멀리 떨어진 곳에서 보여주었다. 연구자들은 피터와 토끼의 거리를 기록해두었다. 그들은 토끼를 피터에게 조금씩 더 가까이 옮겨갔다. 마침내 그가 점심을 먹고 있는 바로 옆까지 옮겨갔다. 드디어 피터는 한 손으로는 식사를 하고, 다른 한 손으로는 토끼를 만질 수 있게 되었다. 탈공포화 반응이 일반화되면서 피터에게 있던 다른 공포들도 대부분 제거되거나 감소되었다.

조작적 조건화_
강화와 처벌 프로그램

조작적 조건화는 특정 행동이 일어나도록 하는 방법에 초점을 맞춘다.
즉 조작적 조건화는 자극을 어떠한 방법으로 주어야
특정 반응이 일어나는가에 관한 원리라 할 수 있다.

『칭찬은 고래도 춤추게 한다』라는 책 제목을 보면 칭찬과 처벌
중에 무엇이 더 중요한지 생각해보게 된다. '칭찬이 정말 중요한
것일까? 아니면 처벌이 더 중요한 것이 아닐까?' 이런 고민은 일상
에서도 종종 일어난다.

그런데 과연 언제 칭찬이 필요하고 언제 처벌이 필요한 것일까?
사람들은 주로 자신에게 긍정적인 것, 자신이 원하는 것에 민감하
게 반응하며 그러한 결과를 얻을 수 있도록 그와 관련된 행동을
더 하려고 한다. 그리고 이는 사람뿐만 아니라 동물에게도 일어나
는 행위다.

행동주의 심리학자인 스키너Skinner는 실험을 통해서 보상reward이

행동을 강화하고 있음을 발견했다. 그리고 쥐나 비둘기를 이용한 그의 실험은 사람들에게서도 유사한 반응을 이끌어낸다는 것을 입증했고, 이를 조작적 조건화operant conditioning라고 했다.

조작적 조건화는 행동주의 심리학의 바탕으로, 어떤 반응response에 관해 선택적으로 보상함으로써 그 반응이 일어날 확률을 증가시키거나 감소시키는 방법을 말한다. 이는 사람들이 긍정적인 결과를 가져오는 행동은 계속 수행하고, 부정적 결과를 낳는 행동들은 피하도록 학습하게 될 때 발생한다.

강화의 원리

조작적 조건화의 기본 개념은 행동의 결과가 좋으면 그 행동을 또 하게 된다는 점이다. 이때 결과가 좋으면 보상을 받는다. 이처럼 받은 보상을 통해 어떤 행동의 발생 빈도가 증가하는 것을 강화reinforcement라 한다. 강화는 특정 행동에 관한 좋은 결과를 제공하는 것이다.

강화에는 2가지 방법이 있는데 정적 강화positive reinforcement와 부적 강화negative reinforcement다. 정적 강화란 가치 있는 어떠한 것을 제공함으로써 바람직한 행동의 강도와 빈도를 증가시키는 것이다. 즉 행동에 관한 결과로 보상을 제공하는 것이다. 간단한 예시로 수업 중에 발표하는 학생에게 플러스 점수를 부여해 발표를 유도하는 것과 같다.

부적 강화란 바라지 않는 어떠한 것을 제거해 바람직한 행동의 강도와 빈도를 증가시키는 것을 의미한다. 즉 불쾌한 자극의 제거를 통해 그 행동을 강화시키는 것이다. 예를 들어 수업시간에 집중을 잘하고 좋은 질문을 하는 학생에게 청소를 면제해주는 경우가 그렇다.

여기서 주의할 점은 처벌과 부적 강화를 구별해야 한다는 것이다. 불쾌한 자극을 제거함으로써 행동을 강화시키는 부적 강화와 달리, 처벌은 오히려 불쾌한 자극을 제시함으로써 행동을 감소시키는 것이다. 따라서 부적 강화란 정적 강화와 마찬가지로 어떤 행동이 발생할 확률을 증가시키지만, 처벌은 어떤 행동이 발생할 확률을 감소시킨다. 우리는 이 차이를 알고 있어야 한다.

처벌의 원리

처벌punishment은 행동에 부적 결과를 제공한다. 때문에 사람의 어떤 행동이 강화를 받으면 그 행동이 다시 발생할 확률이 높아지는 반면, 어떤 행동이 처벌 받으면 발생할 확률은 낮아진다.

처벌에는 정적 처벌positive punishment과 부적 처벌negative punishment이 있다. 정적 처벌은 말 그대로 혼내는 것과 같다. 예를 들어 부모님께 혼나는 경우가 정적 처벌이 된다. 부적 처벌은 기쁨이나 만족을 주는 것을 제거시키는 것이다. 운전을 하다가 교통신호를 어겨서 벌금을 내는 것이 그 예다. 어린이집이나 유치원에서 문제행동을 보

| 강화와 처벌 |

	결과	강화	처벌
자극		반응 또는 행동의 증가	반응 또는 행동의 감소
정적	제공	정적 강화: 음식, 칭찬, 상, 안아주기 등	정적 처벌: 전기쇼크, 신체적 고통, 야단치기 등
부적	제거	부적 강화: 고통스러운 결과를 없애줌	부적 처벌: 기쁨이나 만족을 주는 것을 제거함

이는 아동에게 '반성하는 시간' '반성의 의자'와 같이 타임아웃^{time-out}을 시키는 것도 부적 처벌에 해당한다.

조작적 조건화의 적용

조작적 조건화는 특정 행동을 유도할 수 있기 때문에 마케팅과 광고에서 매우 많이 사용된다. 실제 광고의 대부분은 정적 강화를 이용한 것이다. 특정 제품이나 브랜드를 사용하면 매우 긍정적 경험, 즉 더 맛있고, 더 시원하며, 더 멋있고, 더 안전하며, 주위 사람으로부터 인정을 받는다고 소개한다.

소비자들은 해당 제품 또는 브랜드를 사용하는 것이 유쾌한 경험을 얻는다고 생각해 구매한다. 구매에 만족했다면 재구매를 할 확률은 높아진다. 이는 정적 강화 원리를 사용한 것이다.

부적 강화는 특히 제약, 보험, 위생제품 등에서 많이 사용된다.

대부분의 약 광고들은 약을 먹지 않아서 나타나는 부적 상황을 묘사한다. 보험광고는 보험에 가입하지 않았을 때 발생할 수 있는 여러 문제점들을 보여준다. 이 모든 부적 상황은 광고 말미에 해당 제품이나 브랜드를 사용함으로써 해소된다고 보여준다. 즉 부적 강화 원리를 사용한 것이다.

반면 처벌 같은 경우는 일반 제품·서비스 광고에서는 좀처럼 보기 어렵다. 처벌은 특정 행동을 하지 않도록 학습시키는 원리이므로 일반적인 사기업 광고에서는 잘 사용하지 않는 원리다. 그러나 음주운전 방지, 마약 방지 캠페인 등과 같은 해당 행위의 감소와 제거를 필요로 하는 공익 광고에서는 처벌 원리가 종종 사용되고 있다.

동기를 자극하는 조작적 조건화

조작적 조건화는 행동의 결과를 예측한 후, 그 결과를 도구로 사용해 학습을 유발하는 과정이다. 즉 결과를 강화요인으로 조작시켜 개인의 동기를 자극하는 것이다. 이러한 자극은 비단 아이들의 학습뿐만 아니라 기업의 업무 성과나 그 외의 다른 상황에서도 나타난다. 사람의 행동이 긍정적인 방향으로 유도될 수 있다는 점에서 조작적 조건화는 중요하게 적용된다.

스키너의 조작적 조건화 이론이 갖는 의의는 중요한 의미를 내포하는 다차원적인 실험을 최초로 수행해 현대 심리학에 영향을 끼쳤다는 데 있다. 이 원리는 다른 이론보다도 행동 자체의 변화에 많은 관심을 두고 있으며 현대사회에서도 인센티브제도, 안전행동 등 행동을 통한 긍정적 결과를 활용할 수 있는 다양한 방면으로 쓰이고 있다.

관찰학습_보기만 하는 것도 학습이 된다는 사실

직접적인 보상이나 처벌의 결과를 통해서만
바람직한 행동을 형성하는 것은 아니다.
타인의 행동과 그 결과를
관찰하는 것으로도 학습이 이루어진다.

관찰학습observational learning은 다른 수행자의 행동을 관찰하고 기억하는 과정이며, 똑같은 환경에서 피험자의 행동을 관찰하고 이를 수행하는 학습이다. 특정 대상에 관한 타인의 행동을 관찰하고 모방함으로써 그 대상에 관한 태도를 형성하는 것이다.

반두라Bandura는 관찰학습이 인간의 행동과 환경뿐만 아니라 인지, 즉 사고의 과정도 인간에게 있어 중요한 요인이 된다고 주장했다. 왜냐하면 관찰학습에서는 사회적 환경과 인지능력이 학습과 발달에 중요한 영향을 미친다고 강조하기 때문이다. 한 아동이 전과 다른 행동을 갑작스레 보인다면, 이 변화는 스키너나 파블로프가 말한 조건형성으로 학습된 것이라기보다는 타인의 행동을 관찰한 행동, 즉 모방행동이라고 보는 것이다.

반두라에 의하면 동기유발은 직접강화 또는 대리강화의 형태를 취한다고 본다. 직접강화의 동기유발은 자극에 의해 반응하는 형태, 즉 강화와 같은 형태다. 이는 스키너나 파블로프가 소개한 조건화로도 설명되는 형태다. 그러나 대리강화는 사회학습이론^{social} learning theory 접근에서만 나타나기 때문에 스키너와 파블로프의 이론과 다르다.

대리강화는 잠재적인 학습자가 타인이 강화받는 행동을 관찰하고 자신도 그러한 행동을 하는 현상이다. 보보인형 실험은 반두라의 모델링, 관찰학습을 잘 설명한 실험이다. 이 실험은 반두라가 아이들에게 보보인형을 공격하는 동영상을 보여준다. 그런 다음 집단의 아이들에게 보보인형을 실제로 마주하게 한다. 그랬더니 자신이 보았던 행동을 그대로 모방했다. 이 실험을 통해 영상을

| 보보인형 실험 |

본 아이들은 직접 강화되지 않고 대리강화가 되어도 행동을 그대로 따라 하는 동기유발성이 있다는 것을 알 수 있었다.

반두라는 인간을 사회적인 동물로 보고, 직접적인 보상이나 벌의 결과를 통해서만 바람직한 행동을 형성하는 것이 아니라 타인의 행동과 그 결과를 관찰하는 것으로도 학습이 이루어진다고 보았다. 이를 관찰학습이라고 하는데, 관찰학습에는 관찰을 통한 고전적 조건화와 조작적 조건화가 있다.

관찰을 통한 고전적 조건화란 어떤 유기체가 특정 조건 자극에 관한 공포반응을 느끼는 장면을 보면 다른 유기체는 그 조건 자극에 관한 공포반응을 학습하게 된다. 예를 들어 형이 흰쥐를 보고 깜짝 놀란다. 이 모습을 본 동생이 다음부터 흰쥐를 보면 똑같이 놀란다.

또 다른 예로, 관찰을 통한 조작적 조건화란 어떤 유기체가 어떤 행동을 했을 때 강화를 받는 것을 목격했다면 다른 유기체도 그 행동을 하기를 원한다. 형이 시금치를 먹은 뒤 부모님께 칭찬받은 것을 본 동생이 그 이후로 시금치를 먹는 것과 같다.

학교에서 떠드는 아이에게 벌을 주면 다른 아이들도 덩달아 조용해진다. 조작적 조건화의 과정과 같이 모든 유기체가 강화나 벌을 받은 것이 아님에도 관찰을 통해 행동의 빈도가 높아지거나 낮아지는 것을 관찰학습이라고 한다.

관찰학습의 과정

관찰학습의 단계를 도표 〈관찰학습의 과정〉으로 정리할 수 있다.

첫째, 주의^{attentional} 과정이다. 이 과정은 유기체가 관찰학습의 모델이 되는 행동과 그 결과에 주의를 기울이는 것을 말한다. 이는 관찰학습의 가장 기본적인 단계가 된다. 만약 모델의 행동에 주의를 집중하지 않거나 부적절한 측면에 주의를 집중한다면 관찰학습은 일어나지 않는다. 따라서 관찰학습의 모델이 되는 행동이나 그 모델은 관찰학습을 경험하는 관찰자의 주의를 이끄는 힘이 있어야 한다.

둘째, 파지^{retention} 과정이다. 이 과정에서 중요한 것은 인지적 시연이다. 파지 과정에서는 관찰한 행동들을 보통 언어로 표상해 기억하는데, 언어적인 표현이 힘든 것은 이미지로 기억하게 된다. 즉

관찰학습의 과정

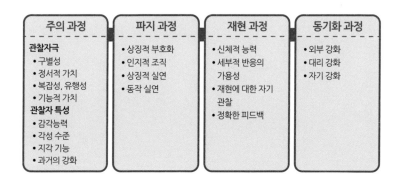

주의 과정	파지 과정	재현 과정	동기화 과정

관찰자극
• 구별성
• 정서적 가치
• 복잡성, 유행성
• 기능적 가치
관찰자 특성
• 감각능력
• 각성 수준
• 지각 기능
• 과거의 강화
	• 상징적 부호화
	• 인지적 조직
	• 상징적 실연
	• 동작 실연
		• 신체적 능력
		• 세부적 반응의
		  가용성
		• 재현에 대한 자기
		  관찰
		• 정확한 피드백
			• 외부 강화
			• 대리 강화
			• 자기 강화

인지적 시연은 언어나 이미지의 형태로 기억하기만 하는 것이 아니라 마음속으로 그려보는 것을 말한다.

셋째, 재현^{reproduction} 과정이다. 관찰한 모방행동을 성공적으로 재생하려면 머릿속에 기억한 것만으로는 안 되고, 직접 행동으로 연습해야 한다. 그래야 정확하고 성공적인 모방이 가능하다. 따라서 반두라는 관찰자의 행동이 모델 행동과 일치되기 위해서는 실제로 반복적인 운동이 필요하다고 주장했다.

넷째, 동기화^{motivation} 과정이다. 동기화는 실제 행동으로 실현하고자 하는 동기나 욕구의 과정을 말한다. 관찰자가 모델의 행동을 정확하게 기억하고 운동능력을 지니게 되었다고 하더라도 유기체가 직접 행동하려는 동기가 없으면 실제 행동으로 나타나지 않는다. 따라서 관찰학습이 일어나기 위해서는 이 동기화 과정이 중요하다. 이 동기화를 결정짓는 요인은 행동의 결과가 어떤 것이냐 하는 것인데, 모델에게 주어진 행동의 결과가 어떤 것이었느냐에 따라 동기화의 결과가 달라질 것이다.

통찰력_통찰을 통해 문제해결에 이르다

> 유기체는 문제를 숙고함으로써 해결에 이른다.
> 유기체는 문제해결에 필요한 모든 요소를 고려해
> 어떤 식으로 함께 놓아보고(인지적으로), 또 다른 식으로 바라보며,
> 문제가 해결될 때까지 여러 가지 방식으로 고민한다.

학습은 인지적이다. 유기체는 문제를 숙고함으로써 해결에 이른다. 유기체는 문제해결에 필요한 모든 요소를 고려해보면서 어떤 식으로 함께 놓아보고(인지적으로), 또 다른 식으로 바라보며 문제가 해결될 때까지 여러 가지 방식으로 고민한다. 그러다가 해결이 갑자기 일어나서 문제해결에 관한 통찰^{insight}을 얻는다.

통찰학습^{insight learning}에서 문제란, 미해결 상태나 해결 상태의 2가지 상태로만 존재할 뿐이며, 그 중간의 부분적 해결 상태란 있을 수 없다. 이러한 문제에 관한 통찰적 해결에 이르기까지는 상당한 시간이 걸린다.

유기체는 가능한 해결을 생각하고 여러 가지 가설을 거친다. 유

기체는 문제해결에 필요한 모든 요소가 해결될 때까지 이와 같은 과정을 계속해 마침내 구조적 이해에 이르는데, 이것이 바로 통찰 학습이다.

통찰의 개념

통찰은 자기를 둘러싼 내적·외적 전체 구조를 새로운 시점에서 파악하는 일로 문제를 해결하는 학습 원리다. 이는 자극-반응이론의 시행착오$^{trial\&error}$와 대비되며, 게슈탈트 심리학자들이 취하는 학습의 기본적인 행동형식이다.

표 〈자극-반응이론과 인지이론 비교〉를 살펴보자.

| 자극-반응이론과 인지이론 비교 |

구분	자극-반응이론(행동주의)	인지이론(형태주의)
학습원리	학습이란 자극과 반응의 연합과정에 의해 이루어짐 → 유기체는 단순히 자극에 반응하는 존재	학습이란 인지구조의 변화, 즉 재구조화를 통해 이루어짐 → 유기체는 인지구조를 재구성하는 능동적 존재
문제해결	시행착오	통찰
동기	자극-반응 연합. 동기 필요하지 않음	내적 동기가 중시
의식	인간 의식은 분절 → 전체는 곧 부분의 합이다.	인간의 의식은 통합된 전체 → 전체와 부분의 합은 다르다.

게슈탈트 심리학과 통찰이론

게슈탈트 심리학은 인간에게는 자신이 본 것을 조직화하려는 기본 성향이 있고, 전체는 부분의 합 이상이라는 점을 강조하는 심리학이다. 구조주의 심리학에 반대해 "전체는 부분의 합과 다르다"라고 주장했다. 게슈탈트 심리학은 지각된 내용을 하나의 전체로 통합하고 분리된 자극들을 의미 있는 유형으로 통합하는 데 초점을 두었으며 학습, 기억, 문제해결 등의 지적 활동에서 지각 중심적인 해석을 강조했다.

게슈탈트 심리학에서는 학습이 맹목적인 시행착오나 무의식적 충동의 발산으로 이루어지는 것이 아니라 문제 장면에 관한 통찰에 의해서 이루어진다고 본다. 이 통찰 이론을 처음으로 주장한 사람이 쾰러Köhler, 코프카Koffka 등이다. 그들은 통찰은 문제에 관한 부분적 해결이 아니라 문제의 전체적 해결이 이루어지는 것이라고 보았다.

쾰러는 학습이 통찰을 통해 이루어진다는 사실을 증명하기 위해 그림 〈통찰학습 실험〉과 같은 4개의 실험을 실시했다.

• 우회로 실험: 우회문제 실험 장치를 만들어 병아리와 침팬지에게 창밖에서 먹이를 보여주자 침팬지가 우회로를 통해 먼저 먹이에 도달했다. 이 실험을 통해 침팬지가 병아리보다 인지능력이 더 우수하다는 것을 증명했다.

| 통찰학습 실험 |

- 도구사용 실험: 높은 천장에 바나나를 매달고 방안 구석에 상
  자를 두자 침팬지가 상자를 이용해 그 위에 올라가 바나나를
  손에 넣었다(①, ② 그림).

- 도구조합 실험: 높은 천장에 바나나를 더 높이 매달고 방안
  구석에 큰 상자와 작은 상자를 두었다. 침팬지는 큰 상자 위
  에 작은 상자를 올려놓고 그 위에 올라가서 바나나를 손에
  넣었다(③, ④ 그림).

- 형태파악 실험: 차단된 공간 안에 침팬지를 가둔 다음, 공간
  안에 작은 막대기를 두고 공간 밖에 긴 막대기를 놓아두었
  다. 그러자 침팬지는 공간 안의 작은 막대기로 긴 막대기를
  자신 쪽으로 끌어당긴 후, 긴 막대기를 이용해 멀리 있는 바
  나나를 끌어당겨 손에 넣었다.

퀼러는 이상의 4가지 실험 결과가 침팬지의 통찰 때문에 가능하다고 주장했다. 침팬지는 시행착오를 경험하지도 않았고, 문제 상황에 포함되어 있는 요소들 간의 관계를 재구성해 문제 상황에 관한 통찰을 얻었기 때문이다.

심지어 통찰학습은 그림 〈비둘기의 통찰 실험〉에서 보듯이, 유인원이 아닌 조류인 비둘기에서도 가능하다. 천장에 먹이가 달린 실험실에 들어간 비둘기는 주변의 상자를 움직여서 그 위로 올라가서 먹이를 먹었다. 즉 비둘기는 주변을 탐색하고 통찰해 먹이를 먹었던 것이다.

결과적으로 통찰을 통한 문제해결은 단순한 시행착오의 결과가 아닌, 경험적 사실을 재구성하는 구조변화의 과정이자 탐색적인 과정을 통해 이루어진다.

통찰력이 뛰어날수록 문제의 본질을 파악하고 문제해결을 위한 대안 제시능력이 뛰어나게 되며 이는 곧 창의력으로도 이어진다. 통찰의 과정을 통해 기존 사고의 틀을 깸으로써 혁신적인 아이디

| 비둘기의 통찰 실험 |

어를 도출해낼 수 있다. 현대 정보화사회에서 미래를 예측하는 과정이 매우 중요한데, 이 과정에서 미래에 관한 예리한 통찰력을 통해 보다 나은 결정과 선택을 내릴 수 있다.

5

기억과
사고

인간에게 기억이 없다면 일상생활을 할 수 있는 기본적인 능력이 사라질 것이다. 시간의 흐름 속에서 오직 지금 이 순간만이 존재하며, 타인을 알아보거나 생활에 필요한 기술을 사용할 수도 없을 것이다. 우리는 경험한 사실을 그대로 저장하고 또 나중에 사용하는 정신능력이 '기억'이라고 흔히 생각한다. 하지만 기억은 단순히 정보를 받아들이고 저장하는 과정뿐만 아니라 기존의 정보나 지식을 문제해결에 잘 사용할 수 있도록 조직화하거나 재구성하는 적극적인 정신과정이기도 하다.

기억이란 학습이 일어났다는 것을 보여주는 증거이기도 하다. 인간은 학습 없이 생존할 수 없다. 이때 기억하는 능력이 없다면 학습하는 것 자체는 무의미해질 것이다.

기억_잘 기억하려면
기억 과정이 중요하다

우리는 무수한 기억을 갖고 살아가고 있다.
이 기억들 중에서 어떤 기억은 잘 기억되는 반면
어떤 기억은 그렇지 않다.
그 이유가 무엇인지 알고 있다면 기억하는 데 용이할 것이다.

기억^{memory}은 현재 또는 앞으로 사용하기 위해 정보를 저장하는 과정이다. 심리학에서는 기억을 정보처리$^{information\ process}$ 입장에서 설명하고 있다. 정보처리과정은 외부의 정보가 우리의 뇌로 들어와 그것이 무엇인지 처리해 저장하고, 필요할 때 인출해서 사용하는 것을 말한다.

애트킨슨^{Atkinson}과 쉬프린^{Shiffrin}은 기억 과정을 설명하기 위해서 기억 모델을 소개했다. 이것이 감각기억, 단기기억, 장기기억이다 (Atkinson&Shiffrin, 1968).

감각기억은 외부의 정보가 눈이나 귀 등과 같은 감각기관을 통해 잠깐 동안 머무는 단계의 기억이다. 이 정보들 중에서 주의를 기울인 정보만이 단기기억으로 넘어갈 수 있다. 단기기억은 감각기억보다 그 정보를 좀더 오래 가지고 있을 수 있다. 그러나 저장할 수 있는 정보의 용량은 제한적이다. 단기기억은 현재 의식하고 있는 정보를 말한다.

일반적으로 사람들이 흔히 생각하는 기억이란 장기기억을 의미한다. 장기기억은 단기기억에 있는 정보들이 반복될 때 이론적으로 평생 사용 가능한 기억, 즉 장기기억으로 정보가 전달되어 저장된다.

장기기억은 감각기억과 마찬가지로 용량의 제한이 없어서 '거대한 도서관'으로도 비유된다. 장기기억으로 전달되려는 정보는 기존의 도식이나 지식과 관련해 다양하게 저장될 수 있는데, 이 저장된 형식이나 다른 지식과의 관련성에 따라 입력된 정보가 편파적으로 또는 왜곡되어 인출되기도 한다.

감각기억

감각기억sensory memory은 자극이 중단된 후에 감각적인 자료들이 순간적으로 남아 있는 것으로 시각, 청각, 후각, 미각, 촉각 중의 하나다.

감각기억은 어떤 자극이 제시되었다가 제거된 다음에 신경적 활동이 잠시 동안 지속되는 것에 의해 이루어진다. 어떤 감각이 아주 잠시 머무는 것으로, 보통 1초 이하에서 사라진다.

약간 더 오래 지속되는 두 번째 감각기억의 단계는 방금 마주쳤던 것들을 매우 생생하게 회상하는 과정을 포함하고 있다. 두 번째 단계에서는 제시된 자극에 관한 물리적 특성을 확인한다. 이 과정은 매우 빠르고 자동적이고 피상적인 수준에서 정보가 처리된다.

단기기억

단기기억short-term memory은 감각기억으로 주의를 기울여 들어온 정보의 저장 단계다. 단기기억은 작업기억working memory이라고도 한다. 단기기억의 특징은 다음과 같다.

- 가지고 있는 정보를 능동적으로 마음속에 저장하는 것이다. 이러한 정보는 감각적인 자료가 아닌 분석되고 의미가 있는 정보다.

- 현재 지각하고 있는 것이 무엇인지 알려준다. 감각기관으로 들어오는 수많은 정보들을 조합해 세상과 통합할 수 있게 해준다.

- '(4×3)-(2×5)'와 같은 간단한 수학문제도 단기기억 때문에 가능하다. 단기기억이 '4×3=12'라는 중간 결과를 저장하는 중에 나머지 계산을 수행할 수 있기 때문이다.

- 계획이나 현재의 의도를 계속 유지하게 한다. 따라서 어떤 방향으로 향하는 일련의 연속적 행동을 가능하게 해준다. 단기기억이 존재하지 않는 사람은 이러한 중요한 기능이 없는 것이므로 정신능력에 심각한 손상이 있는 것이다.

단기기억에서는 기억하고 있었던 정보를 그냥 내버려두면 20~30초 정도가 지났을 때 사라진다. 예를 들어 한 사람이 오전에 만났던 사람을 오후에 다시 만나야 해서 그의 전화번호를 기억하고자 암기하고 있었다. 듣는 순간에는 전화번호를 정확히 기억하고 있었는데 그 사람과 대화를 나누고 헤어지면 전화번호가 잘 떠오르지 않았다. 왜 그럴까?

그 이유는 전화번호에 집중하고 기억하기 위해 노력을 더 기울이지 못했기 때문이다. 따라서 새로운 정보를 잊어버리지 않으려면 되뇌기, 즉 시연^{rehearsal}을 해야 한다.

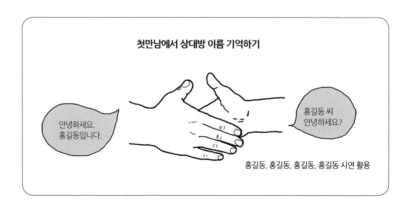

장기기억

장기기억^{long-term memory}은 정보를 무제한으로 저장할 수 있다. 정보를 오랫동안 저장할 수 없다면 기억능력은 매우 제한적일 것이다. 감각기억과 단기기억은 정보를 보유할 수 있는 시간이 길지 않으므로 정보를 장시간 보유할 수 있는 기억이 필요하다. 이와 관련된 기억이 장기기억이다.

장기기억은 과거의 경험을 보유하고 그것을 통해 현재의 삶을 영위할 수 있게 해준다. 장기기억이 없다면 바로 전에 지각했던 것은 다른 것으로 주의를 돌리자마자 그 정보가 사라져버릴 것이고, 인생은 새로운 경험들로만 가득 차게 될 것이다. 따라서 장기기억이 없다면 학습할 수 있는 능력도 존재할 수 없을 것이다.

기억의 단계별 처리과정

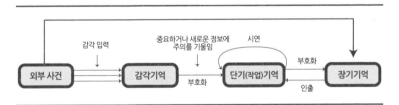

그림 〈기억의 단계별 처리과정〉을 보면, 주어진 환경에서 감각 자극의 정보가 감각기억으로 유입되고, 이러한 정보 중 일부가 단기기억으로, 일부가 장기기억으로 전이되는 것을 알 수 있다.

이 모델에서는 단기기억이 정보의 흐름을 통제하므로 단기기억이 가장 중요한 역할을 하고 있음을 알 수 있다. 어떤 정보를 능동적으로 저장하기 위해 의식적으로 정보를 암송하는 장소가 단기기억이고, 이를 통해 정보의 저장과 인출이 용이하도록 새로운 정보를 부호화할 수 있다.

단기기억에서 정보가 사라지기 전에 그것을 능동적으로 시연하면 평생 지속될 수 있는 장기기억으로 전이된다. 정보를 오랫동안 유지하려면 단기기억에 있는 정보가 장기기억으로 전이^{transfer}되어야 한다. 이때 전이과정은 여러 요인에 의해 영향을 받는다. 시연을 오래 할수록 단기기억에서 장기기억으로 전이될 가능성이 높아진다.

시연에는 2가지 시연 과정이 있다. 첫째, 유지시연^{maintenance rehearsal}으로, 정보에 관한 의미를 생각하지 않고 부주의하게 반복해서 시연하는 것이다. 이 유지시연은 단기기억의 정보를 활성화하기 때문에 단기기억에서는 회상할 수 있게 해주지만 정보를 장기기억으로 전이시키지는 못한다.

정보를 계속 반복하면 소멸을 막을 수 있다. 전화번호를 잊지 않기 위해서는 끊임없이 전화번호를 되뇌어야 한다. 시험을 볼 때도 마찬가지다. 심리학 과목을 시험 봐야 하는 경우, 그 기억을 잊어버리지 않기 위해 계속 내용을 되뇌며 암기해야 시험을 잘 볼 수 있다.

둘째, 단기기억의 정보를 장기기억으로 전이시키는 데 효과적인 시연으로, 이를 정교화시연^{elaborative rehearsal}이라고 한다. 두서없이

기억하는 것보다는 절차적으로, 범주적으로 내용을 정리하는 것이 더 오래 기억된다. 절차적 기억이란 과정 중심으로 하나하나 정리해가면서 기억하는 과정을 말하고, 범주적 기억이란 그 내용을 분리해서 내용별로 기억하는 것을 말한다.

　예를 들어 당신이 서울에서 부산까지 KTX를 타고 가야 하는 상황이라고 가정해보자. 부산행 KTX 열차 번호가 '419'라면 이 숫자를 어떻게 외우는 것이 좋을까? 번호 419를 4월 19일과 연관시키면 기억하기 쉬울 것이다. 이러한 방식으로 정보를 암송할 때 장기기억의 날짜나 공휴일에 관한 지식들을 이용하면 훨씬 도움이 된다.

기억의 폭_7항목 안팎이
기억 용량의 한계다

우리는 아주 어릴 적 기억뿐만 아니라
앞으로도 무수한 일들을 기억하며 살아갈 것이다.
이때 기억을 잘하기 위해서 무엇이 필요한지 알고 있다면
기억하는 데 도움이 될 것이다.

밀러^{Miller}는 인간의 기억에 용량이 있음을 증명한 심리학자다. 그는 사람들이 기억하는 용량은 한정되어 있고, 이는 평균적으로 일곱에서 둘 정도를 더하거나 빼는 정도, 즉 7±2가 사람의 기억 용량이라고 증명했다. 즉 우리가 한 번에 기억을 하는 양이 7±2 정도라는 뜻이다.

그래서 어떤 사람은 5항목 정도를 한 번에 기억하고, 좀더 많은 양을 기억하는 사람은 9항목 정도를 기억하는 경우도 있다. 하지만 그 이상을 한 번에 기억하는 사람은 드물다.

1885년 기억 실험 연구를 시작한 에빙하우스^{Ebbinghaus}는 기억의 한계가 7항목임을 보여주는 결과를 보고했다. 그 후 70년이 지나

밀러가 이 결과에 관해 다시 밝히면서 7이라는 숫자를 '마법의 수'라고 명명했다. 그리고 이 7±2라는 용량은 현재까지 모든 사람들에게 적용되고 있다.

그런데 과연 우리의 기억 용량이 7±2 정도만 되는 것인지는 의문이 들 수 있다. 우리의 기억은 꽤 커서 거대한 도서관에 저장된 정보들이라고 생각할 것이고, 우리의 기억에는 상당히 오랜 기간 축적되어온 기억들이 있다. 그렇기 때문에 7±2가 기억의 용량이라는 것을 인정하기는 쉽지 않다. 그렇기에 7±2 관한 연구에 관한 이해를 높이기 위해서는 7±2와 관련된 기억에 대해 좀더 깊은 이해가 필요하다.

기억의 3단계

기억은 크게 3가지로 구분된다. 그림 〈기억의 3단계〉에서 보듯이 '부호화, 저장, 인출'이 여기에 해당한다. 기억에 집어넣고, 저장하고, 꺼내는 과정이다.

기억의 3단계

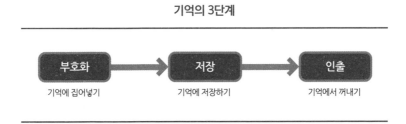

오늘 처음으로 홍길동 씨를 오전 10시쯤 만나 그의 이름을 들었다. 그날 오후 3시쯤에 다시 그 사람을 만났다면, 홍길동이라는 이름을 기억하고는 "홍길동 씨 또 만났네요"라고 말할 것이다. 이는 상대방 이름을 기억한 것이다. 이 과정에서 부호화-저장-인출이 사용되었다.

1단계인 부호화 단계^{encoding stage}는 상대방의 이름을 기억에 입력한 것이다. 저장한 정보 시간이 경과해도 유지하는 2단계인 저장 단계^{storage stage}로 이름 정보를 보내왔다. 그리고 그의 얼굴을 기억에서 떠올려 오후에 다시 만난 그의 이름을 말할 수 있는 3단계인 인출 단계^{retrieval stage}, 즉 부호화하고 저장했던 정보의 기억을 꺼내는 단계를 사용했다.

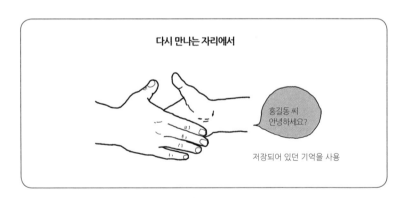

다시 만나는 자리에서

홍길동 씨
안녕하세요?

저장되어 있던 기억을 사용

기억의 활용

기억에는 3단계(부호화-저장-인출)와 상이한 기억 저장소(감각기억-단기기억-장기기억)가 있다. 현재 외부 환경의 정보를 받아들여서 저장하고, 오랫동안 저장되어 있는 기억을 의식적으로 사용할 수 있는 기억의 단계는 단기기억이다. 이 단기기억을 잘 활용할 수 있어야 기억 증진이 가능하다.

그런데 단기기억은 우리가 생각하는 것보다 용량이 제한적이다. 기억하고 있었던 정보를 그냥 내버려두면 20~30초 정도가 지나면 사라지고 만다. 범위적으로도 용량은 제한적이다. 밀러가 말한 7±2 용량이다.

심리학자들은 사람들에게 무관한 항목(숫자, 문자 또는 단어)의 연속을 제시하고 그 항목을 순서대로 회상하도록 요구함으로써 이 숫자를 알아냈다. 빠르게 제시하기 때문에 그 항목을 장기기억에 저장된 정보와 관련시킬 겨를이 없다. 따라서 회상한 항목의 수는 단기기억의 저장 용량만을 반영한다.

처음 시행에서는 참가자들이 소수의 항목(예 3~4개의 숫자)을 회상하면 되는데 이 과제는 쉽게 해낼 수 있다. 시행이 진행되면서 실험자가 참가자의 기억폭^memory span, 즉 완벽한 순서로 회상할 수 있는 항목의 최대의 수(거의 항상 5~9 사이의 값)를 확인할 수 있을 때까지 숫자의 수를 점차 증가시킨다. 9자리가 넘어가면 기억하기 어렵다는 것을 알 수 있다. 이 과제는 간단하므로 여러분도 스스로 쉽게 해볼 수 있다.

숫자를 활용한 기억의 폭을 경험하기

사람 이름의 목록(예를 들어 회사나 대학의 인명록 등)을 한 번 읽은 후 얼마나 많은 이름을 순서대로 회상할 수 있는지 알아보면, 대부분 5~9 사이일 것이다.

표 〈숫자 항목 암송하기〉에서 사람들은 다음의 들려주는 숫자를 듣고 그 숫자를 따라 말해야 한다. 예를 들어 3자리의 경우 '3-5-1'을 천천히 또박또박 불러주면 수신자는 들은 숫자를 똑같이 말해야 한다. 6자리 정도까지는 그리 어렵다는 느낌이 들지 않을 것이다. 그러나 8자리, 9자리, 10자리로 갈수록 숫자를 듣고 따라 말하는 데 틀리는 경우가 잦아질 것이다. 기억의 용량에 한계가 있기 때문이다.

결국 우리는 제한적인 기억의 양을 늘리기 위해서 노력하지만 항목의 수 7±2를 뛰어넘기가 쉽지 않았음을 경험했을 것이다. 그래서 이 기억을 늘리기 위해서 필요한 것이 바로 청크만들기다.

숫자 항목 암송하기

3 자리 3-5-1	7 자리 4-8-1-5-7-2-3
4 자리 6-4-9-8	8 자리 7-4-3-8-6-5-1-2
5 자리 5-7-1-9-4	9 자리 9-2-6-4-7-1-3-8-5
6 자리 2-9-4-8-3-6	10 자리 8-4-7-2-1-5-9-4-3-6

청크만들기

청크만들기chunking를 활용하면 기억의 폭을 늘릴 수 있다. 만약 문제열 'GNINROMDOOG'을 기억해야 한다면 기억폭은 7±2이기 때문에 전체 11개 문자를 연속해서 정확히 반복해내기란 어려운 일이다.

그러나 이 문자열을 거꾸로 읽어보았을 때 'GOOD MORNING'이 된다는 사실을 알아차린다면 이 과제는 아주 수월해진다. 이 지식을 이용해 단기기억에 저장해야 할 항목의 수를 11개에서 2개(두 단어)로 줄여버린 것이다.

이러한 지식은 단어에 관한 지식이 저장되어 있는 장기기억에서 온다는 것을 알아야 한다. 장기기억을 사용해 청크만들기, 즉 새로운 자료를 크고 의미 있는 단위로 재부호화해 그 단위를 단기기억에 저장하는 작업을 수행할 수 있다. 그러한 단위를 청크라고 부른다.

단기기억의 용량은 7±2 청크로 표현하는 것이 가장 적절하다(Miller, 1956). 청크만들기는 숫자로 해낼 수 있다. 숫자열 '139219452002'는 단기기억 용량을 초과하지만 '1392-1945-2002'는 용량 내에 있다. 문자와 숫자의 연속을 장기기억에서 찾을 수 있는 단위로 표현할 수 있다면 단기기억의 용량을 늘릴 수 있다는 것이 보편 원리이자 행운의 수가 된다(Bower&Springston, 1970).

기억력_효과적으로 복습한 내용은 오래 기억한다

> 기억이 없다면 바로 전의 기억도 바로 사라져버릴 것이고,
> 인생은 새로운 경험들로만 가득 찰 것이다.
> 하지만 그것 또한 저장되지 않아서 잊힐 것이다.

〈첫 키스만 50번째〉란 영화가 있다. 이 영화는 사랑하는 여인이 기억상실증에 걸려 자고 일어나면 기억을 하지 못한 상황에 놓여 자신이 사랑하는 상대를 알아보지 못하는 이야기를 담고 있다.

우리에게 기억은 어떤 의미일까? 앞서 언급했듯이, 기억은 현재 또는 앞으로 사용하기 위해 정보를 저장하는 과정이다. 장기기억은 정보를 무제한 저장할 수 있는 저장소인데, 정보를 오랫동안 저장할 수 있는 기억 능력이 없다면 인간의 기억은 매우 제한적일 것이다.

만약 장기기억이 없다면, 바로 전에 지각했던 것은 다른 것으로 주의를 돌리자마자 그 정보가 사라져버릴 것이고, 인생은 새로운

경험들로만 가득 찰 것이다. 하지만 그것 또한 저장되지 않아서 잊힐 것이다. 따라서 장기기억이 없다면 학습할 수 있는 능력도, 의사소통도 어렵다.

쇠퇴는 그런 개인의 장기기억 속에 저장되었던 정보를 잃어버리는 현상이다. 기억이 우리의 일상에서 지속적으로 일어나듯이, 기억의 쇠퇴 또한 지속적이고 보편적으로 일어난다. 쇠퇴와 망각은 경우에 따라 이점도 있지만, 대부분 나이가 들어감에 따라 그 빈도와 증상이 점차 심해지며 기억, 학습, 새로운 정보의 저장 등에 문제가 나타난다.

망각의 뚜렷한 원인은 아직 밝혀진 바 없다. 다만 다양한 요인들이 망각의 과정에 관여하는 것으로 보인다. 또한 기억 수행을 위한 3단계인 정보의 부호화, 저장, 인출 단계에서 문제가 발생할 때 망각이 일어날 수 있다.

기억을 잃어버리는 이유

기억을 잃어버리는 여러 이유 중 하나가 일상에서 간섭이 일어나서다. 간섭interference은 어느 하나의 기억 때문에 다른 하나의 기억이 약해지는 것을 말한다. 예를 들어 우리는 지난해 프로야구 게임 성적을 잘 기억하지 못한다. 그 이유는 시간이 경과했기 때문이 아니라 그동안 게임이 많이 있었기 때문에 기억이 희미해졌다고 생각할 수 있다. 만약 지난해 게임 중에서 한 게임만 시청했다면 그

게임에 관한 기억은 훨씬 더 명확하게 남아 있을 것이다.

간섭에서 두 단어로 이루어진 단어 쌍을 학습하고 나중에 학습한 기억 때문에 이전에 학습한 기억의 회상률이 떨어지는 것을 역행간섭retroactive interference이라고 한다. 이는 간섭의 방향이 역행적이기에 붙여진 용어다.

한편 순행간섭proactive interference은 이전에 학습한 기억 때문에 나중에 학습한 기억을 회상해야 할 경우에 나타난다. 즉 순행간섭은 기존의 지식이 새로운 지식 학습에 관한 기억을 방해하는 것이다.

간섭이 나타난다고 해도 원하는 정보의 인출이 전혀 일어나지 않는 것은 아니다. 사람들은 정보 중 일부를 기억할 수 있으며, 적절한 단서가 주어지면 정보 전체를 기억할 수도 있다. 다만 간섭이 없는 경우보다 정보를 인출하는 데 시간이 많이 걸린다는 점은 인

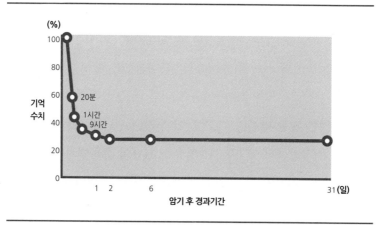

암기 후 경과기간과 기억 수치

출이 용이하지 않아서다.

이러한 간섭이나 방해 조건 외에도 망각은 기억 회상을 어렵게 만든다. 이에 대해서 에빙하우스는 기억과 망각에 관련된 '망각 곡선'을 소개했다. 망각 곡선이란 시간이 지남에 따라 기억이 남아 있는 정도를 말한다. 그림 〈암기 후 경과기간과 기억 수치〉에서 보듯이, 이 망각 곡선은 시간이 지남에 따른 기억 보유량을 백분율로 나타낸 것이다. 이 곡선은 기억을 유지하려는 시도가 없을 때 정보가 시간이 지남에 따라 손실되는 정도를 보여주고 있다.

효과적인 기억술, PQ4R

기억이란 심리학에서 매우 중요한 개념이자 없어서는 안 될 개념이다. 기억을 못한다면 얼마나 답답하고 힘들까? 기억을 견고하게 해서 원하는 일을 할 수 있다면 그것만큼 행복하고 만족스러운 일은 없을 것이다.

이 기억을 높이기 위한 전략으로 PQ4R을 소개하고자 한다. PQ4R은 복잡한 내용을 학습할 때 도움이 되는 방법이다. 개관^{previews}, 질문^{questions}, 읽기^{read}, 정교화^{reflection}, 암송^{recite}, 재검토^{review}의 단계에 따라 학습하는 전략이다. PQ4R의 핵심은 '질문 만들고 답하기'다.

- 개관: 핵심 내용을 파악하기 위해 대략적으로 훑어보는 단계다. 목차, 소제목, 챕터 내 문단 구성 등을 느긋하게 읽어본다. 이때는 굳이 이해하려 하지 않아도 괜찮다.

- 질문: 읽고자 하는 챕터마다 궁금한 부분에 질문을 만든다.

- 읽기: 질문에 해답을 찾아보는 단계다. '이건 아닌 것 같은데, 틀린 부분 같아'라며 비판적·능동적으로 책을 읽는다.

- 정교화: 읽은 내용과 내가 알고 있는 내용 중 연결할 수 있는 부분이 있는지 고심해보는 단계다. 기존에 자신이 갖고 있는 사전 지식과 새로운 정보를 연결하면 이해가 잘 된다.

- 암송: 교재를 덮고 읽은 내용을 다시 회상해보는 과정이다. 작성한 질문 목록을 다시 살펴보고, 책을 덮어도 답변할 수 있는지 생각해보는 것이 좋다. 만약 어렵다면 해당 내용을 다시 찾아보고, 제대로 이해하기 전까지 다음 챕터로 넘어가지 않는다.

- 재검토: 마지막 단계는 재검토다. 학습한 내용을 요약하고 관련 문제를 푸는 과정을 통해 기억을 높일 수 있다.

사고_나는 생각한다, 고로 존재한다

생각한다는 것은 우리의 지각, 학습목표, 기억 내용의 의미 등에 관한
여러 가지 맥락을 제공하고 우리의 경험을 해석할 수 있도록 한다.
인간은 정보의 처리자일 뿐만 아니라
정보의 해석자, 문제의 해결사, 사건의 예언자다.

17세기 철학자 데카르트^{Descartes}의 고전적인 명제인 "나는 생각한
다, 고로 존재한다^{Cogito, ergo sum}"는 자기 자신의 사고과정에 관한 인
식을 전제로 하는 개인적인 정체감의 재인^{recognition}을 뜻한다. 인간
만이 다른 유기체들과 달리 과거와 현재의 상황, 그리고 미래에 일
어날 수 있는 사건들을 생각할 수 있는 능력이 있다.

'사고한다'는 우리 내부의 마음 세계에서 외부 세계에 대해 추상
적으로 작동하는 모델을 형성하도록 하고, 그것을 통해 외부 세계
의 여러 가지 측면을 증진시키도록 만드는 일을 한다(Hunt, 1982).
인간은 '생각'을 통해 성공을 예상하며 자부심을 느낄 수 있다. 반
면에 부도덕한 일을 생각하면 죄책감을 느끼고, 부적절하거나 바

보 같은 행위를 하면 수치심을 느낄 것이다.

다른 단어와 마찬가지로 '생각하다'는 말은 다양한 의미를 지니고 있다. '생각하다'는 말은 기억('생각이 잘 안 나!'), 주의집중('잘 생각해봐!'), 신념('귀신이 있다고 생각하는가?') 등과 같은 의미로 쓰일 수 있다. 이렇게 보면 '생각하다'는 말은 한 개인에게 발생하는 관찰이 거의 불가능한 모든 심리 과정에 해당된다.

'사고'에는 '추리하다reason' '사색하다ponder' '숙고하다reflect'와 같은 뜻도 포함되어 있다. 사고에 관한 여러 관점이 있기 때문에 심리학에서는 문제해결이라는 관점에서 방향적 사고directed thinking를 주로 연구한다. 방향적 사고는 문제해결을 위한 일련의 내적 행위다. 이때 문제해결은 선택에 관한 사례일 수도 있고, 수학 문제를 푸는 경우도 포함되고, 미로 찾기를 하는 것일 수도 있으며, 물건을 잃어버린 이유를 찾는 것일 수도 있다. 즉 '문제해결'이라는 목표에 의해 사고의 방향이 결정된다.

사고에 관한 연구와 인지심리학

1960년 이래로 엄격한 행동주의가 기억, 사고, 특정한 유형의 여타 심리 과정을 적절하게 설명하지 못했다. 그러면서 심리학 영역에서 인지 혁명이 일어나 심리학에 새로운 관점이 도입되었다. 그 관점이 바로 정신과정에 관한 새로운 접근인 인지심리학cognitive psychology 분야다.

인지cognition는 모든 형태의 지식에 관한 일반적인 용어다. 여기에는 주의집중, 기억, 추리, 상상, 예상하기, 계획하기, 의사결정, 문제해결, 아이디어의 전달 등과 분류나 해석과 같은 주변 세상에 관해 정신적 표상과 관련된 처리 과정이 포함되어 있다. 이러한 정신적 과정과 구조를 연구하는 심리학을 인지심리학이라고 한다.

인지심리학자들은 사람들이 정보를 취하고 전달하고 조작하는 방식을 연구한다. 인지심리학자들은 일상에서 의사결정 및 판단과 같은 과정을 연구하고, 기억과 관련된 다양한 인지 과정에도 관심이 있다.

의식적 사고를 통한 미래에 관한 상상력과 가능성

사람들은 현재에 살고 있다. 과거 없이 현재와 미래를 계획할 수는 없다. 과거가 있기 때문에 현재가 있는 것이고, 현재에 기초해서 미래의 가능성이 있기 때문이다.

이처럼 시간적인 흐름이 가능한 것은 인간이 의식적 사고를 할 수 있어서다. 우리의 의식적 사고는 과거를 기억하고 숙고할 수 있게끔 해주고, 특히 성공과 실패에 관한 기억을 통해 지금의 현실을 이해하게 만든다.

말하자면 과거의 사건이나 수행 또는 경험의 연장선상에 현재가 있는 것이다. 다음 페이지의 그림 〈과거-현재-미래에 관한 사고의 과정〉에서 보듯이, 과거가 없으면 현재도 없다. 이뿐만 아니

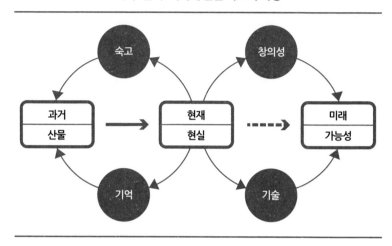

라 현실에서 창의적 상상력과 기술 발전을 통해 미래에 관한 가능
성을 타진하며 준비한다. 이러한 점에서 현재는 과거의 단순한 복
제품이 아니다.

과거에 덧붙여진 새로운 상상력과 역량이 더해져서 새로운 미
래가 만들어진다(Matlin, 2015). 그렇기 때문에 미래 역시 현재의 단
순한 복제물이 아니다. 이것이 바로 인간의 의식적 사고이며 현재
우리가 누리고 있는 문명 또한 이러한 사고의 산물인 것이다.

창의적 사고를 이끌어내는 방법

1. 잘 발달된 지식기반인 전문성expertise은 정신 구성단위로 사용하는 아이디어, 이미지 등을 제공해준다.

2. 상상력 사고 기술imaginative thinking skill은 대상들을 새로운 방식으로 보고, 패턴을 재인하며, 연계를 만들어내는 능력을 제공한다. 문제의 기본 요소들을 숙달한 후에는 그 문제를 새로운 방식으로 재정의하거나 탐색하게 된다.

3. 모험지향적 성격venturesome personality은 모호성과 위험을 감내하고, 장애물을 극복하는 데 불굴의 의지를 보이며, 집단의 견해를 따르기보다 새로운 경험을 추구한다.

4. 내재적 동기intrinsic motivation는 외부 압력보다는 흥미, 즐거움, 만족감, 일 자체의 도전이 동기를 유발하는 것이다. 창의적인 사람들은 외재적 동기유발 자극에 관심을 갖지 않는다.

5. 창의적 환경creative environment은 창의적 생각을 촉발하고 지지하며 정제시킨다. 창의성을 고양시키는 환경은 혁신과 팀의 구성 그리고 소통을 지원해준다. 불안을 최소화하며 심사숙고할 수 있는 환경을 제공해준다.

• 스턴버그와 그의 동료들이 발견한 창의성 5가지 성분
(Sternberg, 1988, 2003; Sternberg&Kubart, 1991, 1992)

사고의 과정_
이중처리시스템

우리는 생각을 할 때 합리적으로 하는 것 같지만,
그렇지 않은 경우도 있다.
실례로 하나하나 따지면서 생각하고 이해하는 경우도 있지만
그렇지 않은 문제에서는 거의 자동적으로 처리한다.

인간의 사고는 합리적인 측면과 비합리적인 측면을 모두 가지고 있다. 자신에게 중요한 사안에 관해서는 의식적으로 꼼꼼히 따져가면서 사고하지만, 그렇지 않은 문제에 관해서는 거의 자동적으로 쉽게 처리하기도 한다.

표〈합리적 사고와 자동적 사고〉에서 알 수 있듯이 합리적 사고는 과학적이고 체계적인 정보처리를 통해서 정확하고 객관적인 판단을 하려는 동기에 기초한다. 즉 자동적 사고에 비해 더 타당하고 정확한 판단을 할 수 있다. 그러나 이를 위해서는 정확성을 확보하는 데 필요한 정보를 이용할 수 있어야 한다. 또한 합리적 사고는 충분한 정신적 자원이 있을 때 가능하다.

| 합리적 사고와 자동적 사고 |

합리적 사고	자동적 사고
인간은 합리적이고 과학적으로 정보를 처리하려는 동기에 기반	인간은 제한적인 인지적 자원을 효과적으로 사용하려는 동기에 기반
대안적 사고를 통해 체계적이고 논리적으로 판단하는 과정	신속하고 효율적인 판단을 더 중시하는 사고 과정
필요한 조건 • 정확성을 확보할 수 있는 유용한 정보 • 정보처리에 필요한 충분한 정신적 자원	사용하는 전략 • 특정 정보를 무시함으로써 배제 • 특정 정보에 과도하게 의존 • 부족한 대안 중에서 최선을 선택

반면 자동적 사고는 제한된 인지적 자원을 적절하게 효과적으로 사용하려는 동기에 기반한다. 이러한 사고는 다양한 오류를 범할 수 있지만, 그러한 한계 속에서 최선의 선택을 신속하게 하려는 동기에 기반하고 있다.

자동적 처리 시스템

먼저 자동적 처리 시스템automatic process system은 감각, 지각, 운동과 관련된 정보를 처리하는 시스템이다. 대상에 관한 정보를 처리할 때 보통은 의식적인 인식과 의도에 의존하지 않고, 특별한 노력 없이 이루어지는 처리 과정이다(Smith&Decoster, 2000).

자동적 처리 시스템은 다음과 같은 특징이 있다.

- 상대적으로 빠른 정보처리
- 처리를 위한 노력 불필요
- 연합적 사고
- 상대적으로 느린 학습 속도
- 대상에 관한 정보와 정서를 함께 저장
- 저장된 정보의 망각·탈학습에 큰 저항력

자동적 처리는 '나도 모르게~'와 같다. 이와 같은 자동적 처리는 과거의 오랜 훈련이나 경험에 기초해서 이루어진다. 그러한 경험을 통해 우리는 환경의 전형적인 특성들을 안정적이고 전반적으로 기억함으로써 특정 자극에 저절로 반응하게 된다.

자동적 처리 시스템은 특정 대상에 관한 전반적인 표상에 기반한 것으로, 이러한 표상은 그 대상에 대해 관찰하지 못한 부분을 채워줌으로써 정보처리를 도와준다. 이때 자동적 처리 시스템은 과거의 많은 경험을 통해 다양한 정보를 서로 연합시키는 방식으로 축적된 지식에 기초하는데, 이 지식은 전반적이고 전형적인 패턴이나 규칙에 관한 것이다(Dijksterhuis&Nordgren, 2006).

이 시스템은 특정 대상을 인지할 때 그 대상과 연합된 정보가 자동적으로 떠오르면서 그 대상을 지각하고 판단한다. 그렇기 때문에 특정 대상 그리고 대상과 연합된 정보를 연결하는 과정은 논리적이고 합리적인 사고나 판단체계에 근거하는 것이 아니라, 피상적이거나 관계없는 유사성에 기반해서 이루어진다.

합리적 처리 시스템

모든 정보처리가 자동적으로만 이루어지는 것은 아니다. 우리는 때로 특정 대상에 관한 정보를 의식적인 수준에서 합리적이고 체계적으로 처리하기도 한다. 이처럼 지각자가 정보처리에 의식적으로 관여하는 시스템이 합리적 처리 시스템이다.

이 시스템은 자동적 처리 시스템과는 다른 다음과 같은 특징이 있다(Baumeister, Masciampo&Vohs, 2010; Smith&Decoster, 2000).

- 상대적으로 느린 정보처리
- 처리를 위한 노력 필요
- 규칙 지배적 사고
- 상대적으로 빠른 학습 속도
- 대상에 관한 정보만을 중립적으로 저장
- 저장된 정보의 망각·탈학습에 취약

합리적 처리 시스템은 언어와 같은 상징으로 이루어진 규칙에 기반해서 정보를 처리한다. 또한 상징적 지식은 한 번의 경험을 통해서도 학습할 수 있으며, 추론과 판단의 기초가 되는 규칙의 역할을 한다. 만약 어떤 사람이 마트에서 음식을 훔치다가 잡혔다고 한다면, 그 사람은 다른 것보다 굶주린 배를 채우는 것을 더 원했을 것이라고 추론하는 것이다.

이러한 추론은 매우 수준 높은 사고의 한 형태로 의식적 사고에서만 가능하다(Baumeister, Masciampo&Vohs, 2015). 이 시스템은 의식적 주의와 숙고적 과정을 수반하기 때문에 즉각적으로 이루어지는 연합적 처리보다 시간이 많이 걸리고, 노력이 필요하다.

합리적 처리 시스템의 가장 중요한 능력은 새로운 사실이나 규칙을 배우면 이를 처리과정에 즉시 이용할 수 있다는 점이다(Dijksterhuis&Nordgren, 2006; Smith&Decoster, 2000). 예를 들어 '54×27'을 어떻게 계산하는지 배우면 이와 비슷한 곱셈 문제에도 그 규칙을 손쉽게 적용할 수 있다.

휴리스틱_우리의 결정이 합리적인 것만은 아니다

휴리스틱은 일상에서 빠른 시간 내에 사용하는 의사결정 능력이다.
이는 의사결정 과정에서 매우 핵심적인 전략이다.
그런데 휴리스틱 사용이 장점만 있는 것이 아니다.
편향이나 결함과 같은 분명한 단점을 알아야 오류를 덜 일으킨다.

사람들은 자신이 부딪히는 모든 상황에서 체계적이고 합리적 판단을 하지는 못한다. 우리는 어느 음식점에서 식사할지, 어떤 브랜드의 제품을 살지, 새로운 사람을 만났는데 그 사람이 어떤 사람인지 등을 생각할 때 모든 정보를 종합적으로 판단하려고 한다. 그러나 안타깝게도 어떤 대상에 관한 모든 정보를 모으는 것은 불가능하고, 인지적으로도 상당한 부담을 느낀다. 이때 용이하게 사용하는 심리적 인지전략이 휴리스틱이다.

휴리스틱heuristic이란 합리적 판단을 할 수 없거나 체계적이고 합리적 판단이 필요 없는 상황에서 신속하게 사용할 수 있는 어림짐작법이다. 휴리스틱은 빠른 시간 안에 큰 노력 없이 대부분 상황에서 정답을 빨리 도출해낸다는 점이 장점이 있다. 하지만 때로는 터무니없거나 그릇된 결과를 가져오기도 한다.

| 대표적인 휴리스틱의 종류 및 설명 |

종류	주요 설명
대표성 휴리스틱 representative heuristic	사건의 발생가능성을 유사한 사건에 관한 그들의 편견 또는 고정관념stereotype에 의존해 평가하는 의사결정 수단
가용성 휴리스틱 availability heuristic	사건의 발생 빈도나 가능성을 평가할 때, 이미 기억하는 정보에 의존해 좀더 명확하게 기억하는 사건과 충격적인 사건을 기준으로 평가하는 의사결정 수단
고정 및 조정 휴리스틱 anchoring and adjustment heuristic	초기에 지니고 있던 값에 기반해서 평가하고 최종 값을 수정하는 의사결정 수단

대표성 휴리스틱

대표성 휴리스틱은 특정 사건의 빈도나 발생확률likelihood을 해당 사건이 전형적인 사례에 부합하는 정도에 따라 추론하는 과정을 말한다. A가 B라는 범주에 속할 확률이 얼마인지를 묻는다고 했을 때, A가 B를 어느 정도 대표하는지, A가 B를 얼마나 닮아 있는지에 따라 해당 확률을 추론하는 것이다(Kahneman, Slovic&Tversky, 1982). 즉 어떤 사건이 전체를 대표하고 있다고 판단하고 이를 통해 빈도와 확률을 판단하는 것이다. 이때 사람들은 A가 B를 잘 대표하면 A가 B에 포함될 확률이 높고, 그렇지 않으면 포함될 확률이 낮다고 판단한다.

이러한 대표성 휴리스틱은 기본적으로 적합성에 관한 판단(A의 속성이 범주 B와 얼마나 잘 일치하는가)이며, 이를 기반으로 확률에 관한 추측값을 찾는 것이다. 다음의 예시를 보면 대표성 휴리스틱을 더 잘 이해할 수 있을 것이다.

홍길동은 외향적이며 총명한 40세 남성이다. 대학 시절에는 심리학과 사회학을 복수 전공했고, 사회양극화 해결에 관심을 가졌으며 대학생 때 반미시위에 가담하기도 했다.

홍길동의 관한 다음 진술 중 더 그럴 듯한 것은 무엇일까?

(a) 홍길동은 행정공무원이다.
(b) 홍길동은 행정공무원이자 적극적인 사회운동가이다.

대표성 휴리스틱을 사용하면 위의 두 진술 중 (b) 진술이 더 그럴 듯해진다. 왜냐하면 홍길동은 행정공무원보다는 사회운동가를 더 많이 닮았기 때문이다. 그러나 (b) 진술이 (a) 진술보다 더 그럴 듯한 것만은 아니다. 홍길동에 관한 소개와 추론이 전혀 무관하기 때문이다. 그럼에도 불구하고 이렇게 추론을 하게 되는 이유는 사람들이 공접오류를 범하기 때문이다.

공접오류junction fallacy는 불확실한 2가지 사건이 겹쳐서 일어날 확률이 각각의 사건이 따로 일어날 확률보다 크다는 오류를 말한다. 사회운동에 참여하는 행정공무원은 모든 행정공무원의 일부에 불과하다. 행정공무원은 사회운동에 참여하는 행정공무원보다 더 많기 때문에 어떤 사람이 그냥 행정공무원일 가능성은 그 사람이 행정공무원이면서 사회운동가일 가능성보다 크다.

그럼에도 불구하고 사람들은 대개 홍길동이 평범한 행정공무원일 가능성보다 사회운동가이면서 행정공무원일 가능성이 더 크다고 판단한다. 이는 바로 공접오류 때문이다.

이와 같이 적합성을 기반으로 판단할 때는 대표성 휴리스틱이 매우 효과적일 수 있지만, 적합성과 관계가 없는 다른 요인(예를 들어 해당 직업을 가진 사람들 자체가 매우 적은 경우)이 있을 경우 의사결정의 정확도를 떨어뜨릴 것이다(Fiske&Taylor, 2008).

또한 대표성 휴리스틱을 사용할 때는 적절한 확률정보를 간과하지는 않았는지를 되새겨보고, 기억해내기 쉬운 점 이외의 다른 점도 있는가를 고려해야 한다.

가용성 휴리스틱

특정 사건의 빈도나 발생확률을 해당 사건과 관련된 사례를 떠올리기 쉬운 정도에 따라 추론하는 것이다. 관련된 사례가 떠오르기 쉬운 정도는 실제 빈도뿐 아니라 해당 사건의 현저성이나 뚜렷함과 같은 요인에 영향을 받기도 한다.

예를 들어 흔히 사람들은 중년기 뇌출혈의 발생확률을 자기 주변에서 이러한 일이 발생했던 경우를 고려해 추정한다. 가용성은 빈도나 확률을 평가할 때 유용한 단서인데, 이는 덜 흔한 유목의 범주에 비해 큰 유목의 범주에 더 쉽고 빠르게 접근할 수 있기 때문이다(Kahneman, Slovic&Tversky, 1982). 이를 가용성 휴리스틱이라고 한다. 즉 특정 사건의 빈도나 발생확률을 해당 사건과 관련해서 추론하는 것을 말한다.

살인사건이나 화재로 인한 사망은 당뇨나 간염으로 인한 사망에 비해서 더 특이하고 세간의 주목을 받는다. 이러한 사건은 사람들의 기억에 생생하게 남는 경향이 있다. 이처럼 기억 속에 각인된 사건이 그렇지 않은 사건보다 자주 사망의 원인이 될 것이라고 추정하는 것은 가용성 휴리스틱 때문이다.

이는 위험부담[dread risk]이 인지과정에 중요하게 작용해서다. 위험부담은 일어날 확률은 낮지만, 일어났다 하면 한 번에 많은 사람의 생명을 앗아가는 재난성 사건에서 높다. 그리고 그런 사건이 벌어졌을 경우 직접적인 손해는 물론 심리적 반응에 따르는 간접적 손해도 생기기 때문에 기억에서 오래 남는다.

고정 및 조정 휴리스틱

불확실한 상황에서 판단을 내릴 때 사람들은 어떤 특정한 값에서 추정을 시작해 그 값을 조정한 뒤 최종적인 답을 낸다. 이러한 추정 방법을 고정 및 조정 휴리스틱이라 한다. 즉 불확실한 상황에서 판단을 내릴 때 특정 값에서 추정을 시작해 그 값을 조정한 뒤 최종적인 값을 내는 추정방법이다.

　상점에서 가격 흥정을 할 때, 상점 주인과 손님 중 어느 한쪽이 먼저 기준 가격을 제시하면 최종적인 가격은 기준 가격을 중심으로 해 조정된 가격으로 결정되게 마련이다.

6

동기와
정서

동기와 정서는 우리의 행위를 일정한 방향, 욕구 충족 또는 쾌감을 갖도록 활성화시킨다. 우리는 사람이나 동물이 행하는 특정 행동에 대해 '왜 그런 행동을 하는가?'라는 의문이 들 때가 있다. 이러한 종류의 의문이 들 때 우리는 행동에 대한 동기를 묻게 된다. '그는 무엇 때문에 열심히 공부하는 것일까?' '그는 어떤 이유 때문에 그토록 분을 참지 못하고 화를 내는 것일까?' 등과 같은 질문을 할 때 우리는 어떤 특정한 행동, 즉 열심히 공부하거나 화를 내는 행동에 대한 동기를 찾는다.

인간의 행동을 이해하는 데 동기와 함께 고려해야 할 것이 바로 정서다. 인간은 생각하는 존재이면서 동시에 다양한 감정을 느끼고 이를 통해 행동하는 존재다. 어떤 상황에서 무엇 때문에 행동하게 되는지를 설명하기 위해 우리의 동기와 정서를 확인한다면, 자신뿐만 아니라 타인에 대해 이해하고 설명할 수 있다.

욕구_우리에게는 욕구위계가 있다

어떤 욕구는 다른 욕구들보다 우선권을 갖는다.
만일 이 순간에 숨을 쉬는 행위와 물을 마시는 욕구에 만족하고 있다면,
성취욕구와 같은 다른 동기가 그들에게 더 중요해진다.
때문에 그러한 행동에 집중하게 될 것이다.

만일 물에 관한 욕구에 만족하지 못하고 있다면, 갈증 때문에 다른 생각을 못할 것이다. 그런데 이보다 더 우선적인 공기가 결핍된다면 어떨까? 아마도 갈증욕구는 사라지고 말 것이다. 이러한 경험을 매슬로우Maslow는 욕구위계hierarchy of needs라고 명명했다. 그는 인간의 행동을 활성화시키고 이끄는 욕구위계를 제안했다. 인간은 이 욕구들을 갖고 태어난다.

욕구를 충족시키기 위한 행동은 사람마다 차이가 있겠지만, 보편적으로 하위 욕구가 충족되어야 상위 욕구가 충족된다. 모든 욕구가 동시에 생기지 않고, 어느 한 시기에는 하나의 욕구만이 우세하기도 하다. 그것이 어떠한 욕구인가는 다른 욕구가 충족되었느

욕구위계 단계

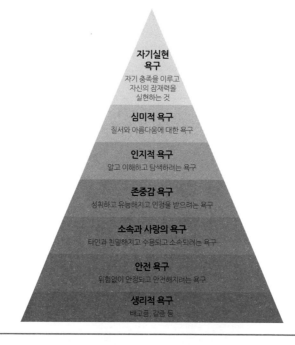

냐 그렇지 않느냐에 따라 결정된다.

그림 〈욕구위계 단계〉를 보면, 가장 아래 단계에는 음식과 물의 욕구와 같은 생리적 욕구가 자리 잡고 있다. 생리적 욕구들을 만족시킨 후에 안전 욕구를 만족시키고자 시도하며, 그 후에 사랑이나 소속감의 욕구를 만족시키고자 한다. 이처럼 개인은 기본 욕구가 충족되어야 심미적이고 지적인 것에 시간과 에너지를 쏟는다.

음식, 주거지 안전에 관한 욕구를 확보하기 위해 노력해야 하는 사회에서는 예술적인 노력과 과학적 활동이 활발하기가 어렵다.

176

가장 상위 동기인 자기실현 욕구는 하위의 다른 욕구가 충족된 후에야 성취될 수 있다. 이 욕구를 넘어서야 인간 욕구의 가장 높은 단계인 자신의 모든 잠재력을 달성하려는 욕구로 나아갈 수 있다.

　욕구위계에서 하위에 있는 욕구가 더 강하고 우선적이다. 상위 욕구는 나중에 나타난다. 상위 욕구는 인간의 생존과 직결되진 않기에 상대적으로 욕구의 만족은 지연된다. 다만 상위 욕구는 생존을 위해 덜 필요하지만 성장에 기여한다. 상위 욕구 만족은 생리적이고, 심리 측면에서 생산적이며 유용하다. 상위 욕구 만족은 하위 욕구 만족보다 더 좋은 외적 환경을 요구한다. 어떤 욕구는 다음 욕구를 충족시키기 이전에 충분히 만족될 필요가 없기도 하다.

인간의 욕구

　인간의 욕구는 결핍심리$^{deficiency\ psychology}$와 성장심리$^{growth\ or\ being\ psychology}$로 구분된다. 결핍심리학은 기본적 욕구충족을 위한 인간 행동이다. 배고프면 음식을 먹어야 하고, 목이 마르면 물을 마셔야만 한다. 즉 욕구충족이 다른 것보다 우선적이다.

　그러나 성장심리학의 가장 높은 자각의 상태 및 자기실현 욕구의 추구, 절정경험 및 자기실현자의 특성이 여기에 속한다. 욕구충족보다 그 이상이 중요하다. 욕구충족에 멈춰 있는 것이 아니라 '어떻게 살 것인가!'가 중요한 키워드다. 새로운 무엇인가에 도전하고 발전하며 이상^{ideal}적인 인간의 모습을 추구하고자 한다.

자기실현자의 특징

매슬로우는 어떤 사람들이 자기실현을 하는가를 확인한 결과 절정경험^{peak experience}을 경험하는 사람들이 자기실현을 한다고 보았다. 절정경험은 행복과 충만감으로 규정된다. 목표가 우선되고, 순간적이고, 얻으려고 애쓰지 않고, 자기중심적이지 않은 상태다. 절정경험은 다양한 강도로 창의 활동, 자연에 감사, 친밀한 관계, 심리적 느낌 또는 신체 활동 등 다양한 맥락에서 나타날 수 있다.

자기실현을 하는 사람들의 특징을 정리하면 다음과 같다.

- 현실을 효율적으로 지각: 명확하고 객관적인 지각 능력을 갖는다.
- 자신, 타인, 자연의 수용: 강점과 약점을 이해하고, 사실을 왜곡하지 않는다. 있는 그대로 수용한다.
- 자발성, 단순성, 자연성: 개방적이고 솔직하고 자연스럽다. 인습에 사로잡히지 않는다.
- 자신 외의 문제에 초점: 인생에 관한 사명감, 성장 가치에 집중한다.
- 초연함 및 사적 자유 욕구: 사적인 자유를 즐기고, 사색을 즐긴다.
- 인식의 신선함: 새로움, 놀라움, 경외심을 갖는다.
- 신비 또는 절정경험: 무아경, 놀라움, 경외심, 즐거움의 경험은 충만한 절정경험을 가져온다.

- 사회적 관심: 동정과 공감을 보인다.

- 깊은 대인관계: 보다 강한 우정을 갖는다.

- 민주적 성격구조: 인종적이거나 사회적 편견을 갖지 않는다.

- 창의성: 모든 활동에 적응하고 자발적이다. 실수를 두려워하지 않는다.

- 문화화에 저항: 고정적인 틀에 박히지 않는다.

매슬로우의 욕구위계이론을 잘 표현한 영화, 〈캐스트 어웨이〉

영화 〈캐스트 어웨이$^{cast\ away}$〉를 보면 주인공 척은 운송업체 페덱스에서 근무한다. 어느 날 페덱스 비행기가 비행궤도에서 벗어나 무인도에 표류한다. 그러면서 영화는 척의 심리상태를 보여준다.

척은 무인도에 표류한 뒤 섬의 사방을 돌아다니며 먹을 것과 마실 것을 구하고, 이에 적응하고자 노력한다. 불을 구할 수 없었기 때문에 나무를 이용해 불을 피우고, 이를 통해 체온을 조절하고 음식을 조리한다. 이는 생리적 욕구와 안전 욕구를 보여주는 것이다.

그는 배구공 윌슨^{Willson}을 의인화해 친구 삼아 대화를 나눠가며 소속과 존중감을 형성한다. 그러다가 섬에서 벗어날 수 있는 바람의 방향을 깨닫고는 섬에서 탈출하고자 계획을 세운다. 이 계획에는 섬에서 벗어나 사랑하는 연인에게 가는 목표가 있었다. 그는 바다에서 죽을 수도 있는 위험을 무릅쓰고 섬을 탈출해, 망망대해에서 극적으로 구출되면서 마침내 자신의 일상으로 돌아가게 된다.

욕구의 특성_'원하는 것'인가, '좋아하기'인가

감정이 주도적인 사람의 경험을 보면
'쾌'가 기본적인 심리 역할을 한다.
즉 감정은 우리가 하고 있는 각 행위의 가치를 나타내는
심리적인 소통경로로 행동을 조성하고 있다.

동기는 일반적으로 쾌락을 발생시키거나 불쾌한 사태를 경험하는 특정 유인(음식, 음료 등)을 향해 행동하도록 지시한다. 어떤 것을 원하는 유인incentive motivation 은 전형적으로 어떤 것을 좋아하는 감정과 연합되어 있다. 감정이란 의식적으로 경험하는 일생의 모든 범위에서의 쾌pleasure 와 불쾌unpleasure 를 말한다.

쾌락은 맛있는 음식, 기분을 돋우는 음료, 성적 경험을 포함한다. 고통스럽거나 좌절을 주는 결과는 우리의 생존을 위협하는 신체손상, 질병, 자원의 상실과 같은 사건과 연합되기도 한다. 미래의 행동을 이끌기 위해 쾌와 불쾌는 학습되고 기억되며, 적절한 대상과 사건에서 그 원인을 찾을 수 있다. 이는 그 대상과 사건이 예

상되는 감정과 연결된다는 것을 말하는 유인적 현저성^{incentive salience}을 키워 주의집중하게 만들고 행동하게끔 만든다.

그러나 밀접하게 연결된 유인동기와 유쾌한 보상이 세상에 관한 우리의 의식적 경험 안에 있다고 하더라도 이는 '원하기'와 '좋아하기'가 동일하다고 보는 것은 아니다(Berridge, 2007). 실제로 '원하기'와 '좋아하기'는 분리되고 구분될 수 있다.

'원하기'와 '좋아하기'

'원하기^{wanting}'는 맛있는 식사를 생각할 때 경험하는 갈망처럼 쾌락을 예상하는 것이다. 반면 '좋아하기^{liking}'는 음식을 먹기 시작한 순간에 경험하는 쾌락이다. 과거에 어떤 것을 좋아했던 것은 앞으로 그것을 원하게 되는 데 영향을 미친다. 이것은 음식을 조금 맛보는 것이 식욕을 왕성하게 만드는 것처럼, 짧은 시간 내에 발생하기도 한다. 이 과정을 통해 감정적 보상(좋아하기)은 유인동기(원하기)를 키울 수 있다.

이 분야의 초기 연구에서는 '좋아하기'와 '원하기'의 생물학적 기초를 정확하게 설명하기가 어려웠다. 그러나 1950년 초에 뇌의 특정 영역에 관한 자극이 그 영역에 관한 반복 자극을 강렬히 원하고 있음을 발견했다(Olds, 1956). 이것은 뇌 자극이 좋아하고 원하는 보상이라는 증거가 되었다.

다음 페이지의 그림 〈유인동기에 관한 도파민 경로〉를 보자. 도

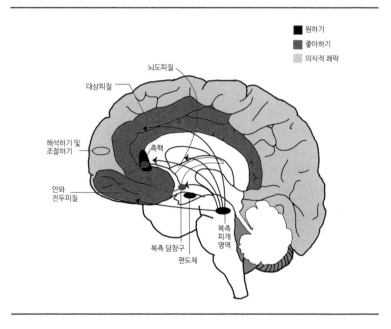

파민이 쾌락중추에 결정적임을 알 수 있다. 많은 연구자들이 도파민과 유쾌한 감정을 연결 지어서 연구하고 있다.

뇌가 원하고 좋아한다

도파민 체계brain's dopamine system의 뉴런은 뇌간의 윗부분인 복측 피개영역VAT; ventraltegmental area에 위치하고, 측핵을 통해 전전두피질까지 상행으로 보낸다. 이름이 의미하듯이 이 뉴런은 자신의 정보를 전달하기 위해 신경전달물질인 도파민을 사용한다.

　뇌의 도파민 체계는 맛있는 음식이나 음료, 원하는 성적 파트너와 같은 많은 종류의 천연 보상이나 일차 강화물에 의해 활성화된다. 이 체계와 관련된 뉴런은 보상이라고 여기는 코카인, 암페타민, 헤로인과 같은 약물에 의해서 활성화하기도 한다.

　'좋아하기'와 '원하기'를 구분할 수 있는 방법은 각각에 관한 분리된 측정치를 사용하는 것이다. 반복된 경험을 하는 것은 '원하기'와 더 밀접하다. '좋아하기(유쾌한 정서)'는 먹는 동안에 경험되는 것이지 그것을 예상하는 동안에 경험되는 것은 아니기 때문에 '원

| '좋아하기'에 관한 얼굴 표현 |

인간과 동물의 '좋아하기' 표현을 보면 단맛과 쓴맛에 대한 정서반응을 알 수 있다. 위의 사진에서는 단맛에 혀를 내밀고 있는 반면, 아래의 사진에서는 쓴맛에 입을 벌리고 있다.

하기'와 '좋아하기'는 다른 설명이 필요하다.

얼굴과 신체 운동 또한 쾌락의 경험과 관련 있다. 사람들은 일반적으로 누군가(유아의 경우에도 포함된다)가 어떤 음식을 좋아하는지를 알아낼 수 있다. 우리는 어떤 음식을 먹고 맛이 좋을 때 미소를 짓고 입술을 핥기 때문이다. 반대로 맛이 나쁠 때는 입을 벌린 채 눈살을 찌푸리거나 윗입술을 치켜올린다.

앞 페이지의 그림 〈'좋아하기'에 관한 얼굴 표현〉에서처럼 인간이 아닌 영장류와 쥐를 포함하는 다른 포유류도 비슷하다. 맛있는 음식과 맛없는 음식에 대한 얼굴 표정이 다르다.

그런데 포만감을 느끼면 음식의 맛이 떨어지는 표정을 보인다. 그럼에도 불구하고 뇌에서는 뇌의 도파민 체계를 전기적으로 자극하고 있다. 이는 음식과 같은 보상이 동기화되고 있다는 뜻이다 (Berridge&Valenstein, 1991).

뇌의 쾌락적 부위의 활동은 정상 상황에서 뇌의 도파민 체계와 함께 나타남으로써 우리는 이전에 기분을 좋게 만들어주었던 것을 원한다. 그러나 어떤 상황에서는 '원하기'와 '좋아하기'는 어긋난다. 중독이 바로 그런 사례다.

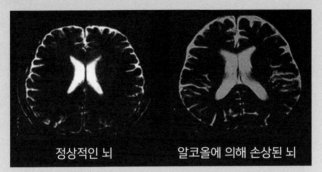

정상적인 뇌 vs. 알코올에 의해 손상된 뇌

정상적인 뇌　　　　알코올에 의해 손상된 뇌

알코올 중독자의 뇌는 정상적인 뇌에 비해 많이 위축되어 있다. 뇌의 위축은 기억력 저하와 성격의 변화 등을 초래한다.

약물 중독 때문에 나타나는 뇌의 신경적 민감화는 그 체계의 뉴런이 다소 영구적으로 변했다는 것을 의미한다(예를 들어 뉴런이 자신의 해부학적인 연결 등을 변화시킨다).

민감화된 뇌 체계가 약물에 관한 정상 반응보다 더 큰 반응을 발생시키는 것처럼 과다 반응을 하는 것이다. 일단 민감화가 되면 뇌는 더 많은 도파민을 방출하고, 더 높은 '원하기'를 발생시킨다. 결과적으로 민감화된 중독자는 대부분의 사람보다 더 높은 '원하기'를 경험할 것이다. 예를 들어 알코올 중독자가 알코올을 원하는 것만큼이나 보통 사람이 강력하게 음식을 원하기 위해서는 며칠 동안 굶주려야만 한다.

또한 민감화는 매우 지속적이기 때문에 어떤 사람이 알코올을 중단한 후에도 지속되어 장기적인 재발의 위험을 발생시킨다. 이전의 중독자가 수개월 또는 수년 동안 알코올을 중단하고 금단 증후를 더 이상 느끼지 않는 경우에도 '강박적 원하기'가 때때로 나타날 수도 있다.

내재적 동기_좋아하는 일과 싫어하는 일 사이에서의 갈등

자기 자신이 진정으로 원하는 것을 찾아서 할 수 있다면
그것만큼 행복한 일은 또 없을 것이다.
이를 설명하기 위해서는 동기를 이해해야 한다.

동기^{motivation}란 행동을 일으키는 이유나 계기를 말한다. 그런데 사람들을 관찰해보면, 항상 자신의 동기를 발생시키지는 않는다. 때로는 수동적이고, 환경이 자신에게 동기를 부여해주기를 기대한다. 외적 사건들이 동기를 발생시키기도 한다. 우리는 어떤 활동을 하게 만드는 2가지 방식이 있음을 알고 있다.

예를 들어 골프선수에게 왜 골프를 치냐고 물었을 때, 골프선수는 다음과 같은 2가지의 동기적 관점을 갖고 답할 수 있다. 첫째는 내재적 동기로 '골프가 흥미롭고 이를 즐기기 위해서, 가치 있게 여기는 기술을 연습해 발전하기 위해서, 자유롭게 즐기기 위해서' 골프를 친다고 할 수 있다. 둘째는 외재적 동기로 '돈을 벌거나, 대

회에 나가 상을 타거나, 장학금을 받을 기회를 얻기 위해' 골프를 친다고 할 수 있다.

내재적 동기

내재적 동기란 욕구, 흥미, 호기심 등의 내재적인 요인들에 의해 행동을 유발시키는 동기다. 내재적 동기가 있는 사람들은 행동 자체가 주는 성취감을 즐기며, 행동 자체가 보상으로 작용하기 때문에 일반적으로 외재적 동기보다 강하다.

자기결정이론self determination theory에서는 개인이 자신의 욕구를 충족하기 위한 행동을 스스로 선택함으로써 행동을 즐길 수 있으며, 이 과정에서 심리적인 안정감을 얻는다고 본다. '무엇을 하는가' 보다 '왜 하는지'가 더 중요한 선택의 이유가 되며, 활동을 하는 데 추가적인 보상이나 유인, 강제가 필요하지 않다. 이는 그 활동 자체가 개인들에게 보상이기에 스스로 행동하게 만든다.

내재적 동기 부여는 자율성autonomy, 목적의식purpose, 숙련도mastery 가 있을 때 최고로 발휘된다. 먼저 자율성은 하고 싶은 행동을 스스로 하는 것을 말한다. 남이 시킨 일을 하거나 물질적인 대가를 위해 행동한다면 자율성에 통제를 받는다. 즉 마감시간, 목표량, 평가, 감시 등의 요소는 자율성을 훼손시켜 내재적 동기가 깨지게 되는 원인이 된다.

목적의식은 자신의 능력을 향상시키거나 욕구충족 등의 목적이

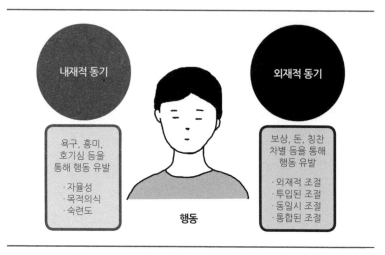

있을 때 내재적 동기를 강하게 부여한다. 다만 지나치게 이루기 힘든 목적을 설정한다면 오히려 동기를 떨어트리는 역효과가 있다.

숙련도는 행동에 관한 기억들이 어떻게 해야 하는지에 관한 지표가 된다. 그리고 이는 곧 자신감으로 연결된다. 이러한 숙련도를 통한 자신감은 강한 동기를 유지할 수 있게 하는 중요한 원동력이 된다.

내재적 동기의 강점은 활동 자체가 보상으로 작용하기 때문에 어떤 처벌이나 유인과 같은 외재적 요인에 관계없이 행동이 발생할 수 있다는 점이다. 또한 내재적 동기로 유도된 행동은 자발적이고 자기 발전적이기 때문에 더 많이 즐기고 더 창의적이게 된다.

외재적 동기

외재적 동기^{extrinsic motivation}는 내재적 동기와 반대되는 개념으로, 외부 요인에 의해 행동이 유발되는 동기다. 외부 요인으로는 처벌이나 벌점과 같은 부정적 요소와 금전적 보상, 상점, 칭찬과 같은 긍정적 요소가 있다. 그러나 데씨^{Deci}의 자기결정이론에 따르면, 사람들은 외재적 동기로 인해 행동할 때, 자신의 행동에 관심을 그다지 보이지 않으며 결과지향적인 태도를 보인다고 주장했다.

외재적 동기에는 부정적인 면이 여럿 존재한다.

- 내재적 동기를 저하시킨다. 그 이유는 앞서 내재적 동기를 설명할 때 언급했는데, 외부 요인으로 인해 자율성이 훼손되기 때문이다.

- 창의성을 떨어뜨린다. 처벌을 피하기 위해서 또는 금전적·물질적 보상 때문에 행동하면 결과에만 집중하게 된다. 이는 자발적인 문제해결능력을 저하시키고 동시에 문제해결에 필요한 창의성도 저하시킬 가능성이 크다.

- 사기, 편법, 비윤리적인 행동을 유발한다. 이는 보상이라는 결과에만 집중하다 보니 해결과정의 정당성이나 비윤리성에 관한 판단력이 흐려져서 그렇다.

외재적 동기에는 긍정적인 면도 있다. 단순 반복하거나 일정 기간 수행해야 하는 일에는 효과적이다. 또한 지나치지 않은 외재적 동기는 내재적 동기를 강화할 수 있기 때문에 학습 동기에서는 두 동기가 균형적으로 조화를 이루는 것이 중요하다.

외재적 동기에는 4가지 유형이 있다.

- 외재적 조절: 외재적 동기인이 없으면 행동하지 않는다. 과제 수행 같은 경우 마감일이 다가와야 시작한다. 시험일이나 마감일이 임박하지 않으면 동기가 결핍된다.

- 투입된 조절: '해야 한다'는 생각 때문에 한다. 행동하는 데 긴장과 압력을 느낀다. '오늘 공부를 해야 하니까, 학생은 공부를 해야 하니까 공부한다'는 식이다.

- 동일시 조절: 대부분 내재화되고 자율적인 행동이다. 개인적으로 중요하고 유용하다고 생각하고 행동한다. 대부분 자유롭게 선택한다. 운동이 건강에도 좋고 인간관계도 좋아지기 때문에, 공부하는 것이 미래 취업에도 좋고 성공적인 삶에 가치 있는 것이기 때문에 한다.

- 통합된 조절: 내재화를 통해 외부의 가치를 자신의 내부 가치로 받아들인다. 생각하고 느끼고 행동하는 것에 갈등이 거의 없다. 외재적 동기 중 가장 긍정적인 결과를 가져온다. 나는

환경을 매우 가치 있게 여긴다. 통합된 조절 유형에 가까워질수록 성취, 심리적 안녕을 더 많이 달성한다.

흥미 없는 활동을 하도록 타인을 동기화시키기

외재적 동기화를 좀더 자율적인 형태로 촉진시키는 방법이 필요하다. 이를 위해서는 합당한 근거를 제공하고, 흥미롭지 않은 활동을 하는 동안에 노력하는 것도 유용하다. 그리고 그렇게 하는 것이 왜 중요한지 그 이유를 설명해야 한다.

이뿐만 아니라 흥미를 육성해야 한다. 상황에 흥미를 느낄 수 있도록 관련 요소들을 포함시킨다. 즉 개인적 흥미를 지속적으로 유지시킬 수 있는 활동을 꾸준히 해야 한다. 흥미로울수록 관심은 많아지고 자발적으로 참여한다. 그리고 관련된 정보를 더 잘 처리하고 기억하며 이해할 것이다.

『논어論語』「옹야편雍也篇」에 "知之者 不如好之者(지지자 불여호지자) 好之者 不如樂之者(호지자 불여락지자)"라는 구절이 있다. 풀어보면 '알기만 하는 사람은 좋아하는 사람만 못하고, 좋아하는 사람은 즐기는 사람보다 못하다'라는 뜻이다. 아무리 흥미 없는 활동을 외재적인 이유로 설령 시작했다고 하더라도 내재화 과정을 거쳐서 통합된 조절 상태로 갈 수 있다면, 흥미 없던 활동이라도 동기화되어 능동적으로 할 것이다.

몰입_우리 인간은
몰입을 꼭 해야 하는 걸까?

> 몰입은 '무언가에 흠뻑 빠져 있는 심리적 상태'다.
> 현재 무언가에 심취해 있는 무아지경 상태라고 할 수 있다.
> 이러한 몰입 상태에서는
> 평소와 다른 독특한 심리적 특성이 나타난다.

몰입flow은 작곡이든 야구든 무용이든 어떤 특정 활동을 좋아해서 이에 몰두하는 행위를 일컫는다. 이 몰입이라는 독특한 심리적 상태를 경험한 사람들은 특정 분야의 만족도가 타인에 비해서 더 높다.

이러한 독특한 심리적 상태를 소개한 학자가 바로 칙센트미하이Csikszentmihalyi다. 그는 주로 즐거움 때문에 직업적 활동에 몰두하는 사람들(작곡가, 야구선수, 체스선수, 무용가 등)의 심리 경험을 분석해 공통적인 요소를 찾아냈다. 그들은 성과물에 집착하거나 외재적 보상을 위해서 몰입하는 것이 아니었다.

몰입 상태에서는 현재 과업에 주의집중을 강렬하게 발휘한다.

이러한 주의집중은 애써 노력하지 않아도 과제에 관한 흥미와 즐거움 때문에 자발적으로 일어난다.

- 몰입 상태에서는 행위와 인식의 융합이 일어난다. 현재 하고 있는 활동에 푹 빠져서 그 활동을 관찰하고 평가하는 관찰자적 인식이 존재하지 않는다.
  따라서 자아의식도 사라지게 되어 흔히 이러한 상태를 '무아지경'이라고 부른다. 그러나 의식을 잃은 혼수상태가 아니다. 이 상태는 자아는 완전히 기능하지만 스스로 그것을 인식하지 못할 뿐이다.

- 몰입 상태에서는 자기와 환경의 구분이 거의 사라질 뿐만 아니라 시간의 흐름도 망각한다. 시간의 흐름에 관한 지각이 변형되어 시간이 보통 때보다 빨리 지나가고, 많은 일이 짧은 시간 안에 펼쳐지는 것처럼 느껴진다.

- 몰입 상태에서는 현재 하고 있는 활동을 장악하고 있는 듯한 강력한 통제감을 느끼게 된다. 활동의 진행이나 성과에 관한 걱정이 사라지고, 주의집중이 일어남에 따라 완전한 통제력을 지니고 있는 것처럼 느끼게 된다.

- 몰입 경험은 그 자체가 즐거운 것이기 때문에 자기충족적인 속성을 지닌다. 몰입하고 있는 활동은 다른 목적을 위한 것

이 아니라, 오직 그 자체를 위한 내재적 동기에 의해서 일어
난다.

몰입을 촉진하는 요인

몰입은 많은 사람이 보고하는 상당히 보편적인 경험이다. 자신
이 하는 일에 적극적으로 전념해 몰입 경험을 자주 하는 사람들도
있다. 칙센트미하이는 이렇게 몰입을 잘하는 사람의 성격을 자기
목적적 성격autotelic personality이라고 했다.

자기목적적 성격인 사람들은 어떤 일을 하더라도 적극적이고
열정적이다. 이들은 내재적 동기가 강한 사람들이어서 외재적 보
상보다 일 그 자체를 위해서 끈기 있게 일한다. 또한 자율성과 독
립성이 강해서 타인의 간섭을 싫어하고, 개인적 목표나 야망으로
부터 자유로운 경향이 있다. 즉 성과에 집착하지 않으며, 타인의
시선과 평가에는 신경을 쓰지 않는다.

몰입 경험은 개인의 성격적 특성뿐만 아니라 과제의 특성에 의
해서 유발된다. 자기목적적 성격을 지닌 사람들이 모든 활동에 몰
입하는 것도 아니며, 보통 사람들도 어떤 활동을 할 때는 몰입을
경험할 수 있다. 즉 몰입을 촉진하는 과제의 특성이나 조건들이 존
재한다.

몰입에 필요한 요인들은 다음과 같다.

- 분명한 목표가 있는 활동에서 몰입이 잘 일어난다. 현재 하고 있는 일의 목표가 모호하거나 장기적인 경우에는 몰입이 잘 일어나지 않는다.

- 즉각적인 피드백feedback이 주어지는 활동에서 몰입이 잘 일어난다. 스포츠에 쉽게 몰입하는 이유는 추구해야 할 분명한 목표가 있고, 즉각적으로 피드백이 주어지기 때문이다. 즉각적인 피드백은 목표달성을 위해서 현재 자신이 어떤 위치에 있고 어떤 행위를 해야 하는지를 분명하게 알려주는 기능을 한다.

- 몰입 상태를 촉발하기 위해서는 개인의 기술과 과제의 난이도가 적절한 균형을 이루어야 한다. 분명한 목표와 즉각적인 피드백이 주어지더라도 너무 쉬운 과제는 몰입하기 어렵고, 너무 어려운 과제는 흥미를 상실하고 포기하게 만든다. 상당한 기술을 요구하는 도전적인 과제를 할 때 몰입을 경험할 수 있다. 즉 개인의 기술skill과 과제의 도전challenge 간의 균형이 몰입을 촉발하는 중요한 조건이다.

다음 페이지의 그림 〈몰입의 촉진 경로〉에서 보듯이, 과제의 도전 수준과 개인의 기술 수준이 모두 높을 경우에 몰입 상태를 경험하게 된다(Csikszentmihalyi, 1975). 기술 수준에 비해서 과제의 도전 수준이 높으면 걱정이나 불안을 경험하고, 반대로 기술 수준에

몰입의 촉진 경로

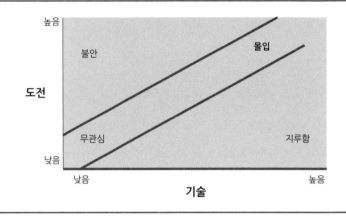

비해서 과제의 도전 수준이 낮으면 무관심을 느낀다.

이 밖에도 몰입 경험을 촉진하는 다양한 요인들이 존재한다. 개인의 흥미와 과제의 특성이 잘 일치해야 몰입한다. 또한 과제에 대해 내재적 동기와 호기심이 있어야 몰입할 수 있다. 몰입의 가능성을 높이려면 산만한 자극을 제거하고 집중할 수 있는 상황을 조성하는 것도 도움이 된다.

칙센트미하이는 일반적으로 몰입 경험이 많아질수록 행복도가 높아지지만 항상 그런 것만은 아니라고 주장했다. 예를 들어 사람들은 직업적인 일을 할 때 몰입을 자주 경험하지만 그렇다고 해서 다른 상황보다 직장에서 더 많은 행복감을 느끼는 것은 아니라는 점이다.

또한 맛있는 음식을 먹는 것도 즐거운 경험이지만 깊은 몰입 상태에서 식사하는 것도 아니다. 즉 행복에 있어서 중요한 것은 몰입 그 자체이기보다 '어떤 일에 몰입하느냐'가 중요하다. 도박중독이나 게임중독처럼 스스로 통제할 수 없거나 자기파멸적인 결과를 초래하는 몰입 경험도 있다.

몰입에는 열정적 관여$^{vital\ engagement}$도 중요하다. 열정적 관여에는 몰입(즐거운 몰두 상태)과 의미(주관적 중요성)가 포함된다. 열정적 관여를 통해 사람들은 자신과 대상 사이의 강렬한 연결감을 느끼며, 그 대상과의 관계에 적극적으로 전념하게 된다.

사람들은 누구나 유능해지기를 원한다. 즉 유능성에 관한 욕구를 가지고 있다. 유능성은 적정 도전을 추구하고 숙달하려는 선천적인 동기원을 제공하는 심리적 욕구다. 유능성은 환경과 효과적으로 상호작용하려는 욕구이고, 자신의 능력^{capacity}과 기술^{skill}을 연습하려는 갈망^{desire}과 그 진행 과정 중에 적정한 수준의 도전을 추구하고 숙달하려는 욕구를 반영한다.

몰입과 목표의 관계

몰입을 위해서는 막연한 목표보다 지금 바로 할 수 있는 구체적인 목표에 집중해야 한다. 이번 시험에서 성적을 높이겠다는 막연한 목표보다는 한 달 남은 시험에서 수학 점수를 90점 이상으로 올려야겠다는 구체적인 목표가 효과적이다. 그래야 몰입이 쉬워지고, 몰입할 가능성도 높다.

A씨는 막연한 목표를, B씨는 구체적인 목표를 세웠다면 누가 몰입을 더 잘할까? 구체적인 목표를 지닌 B씨일 것이다. 구체적인 목표를 지닌 사람일수록 스마트^{SMART}해지기 때문이다. 'SMART'란 도란(Doran, 1981)이 소개한 목표설정 방법이다. 이를 활용한다면 몰입에 더 가까워질 것이다.

- Specific: 구체적인 목표
- Measurable: 측정 가능한 목표
- Achievable: 행동지향적 목표
- Realistic: 실현가능한 목표
- Timely: 기한 부여 목표

정서에서의 표정_얼굴만 봐도 상대의 감정을 읽을 수 있다

기쁨, 슬픔, 놀람, 공포, 분노, 혐오, 경멸과 같은 감정은
사람들의 제스처나 표정 등에 반영되며
이러한 감정은 뇌에서 시작된다.

얼굴은 감정을 전달하는 매개체다. 이 연구의 시초는 찰스 다윈 Charles Darwin이었다. 그의 책 『인간과 동물의 감정표현』을 보면 사람들의 공통적인 얼굴 표정에 관한 다양한 증거가 나와 있다. 여기서 다윈은 인간의 특수한 표현(고통·울음), 그리고 의기소침·걱정·슬픔·낙담·절망·환희·기쁨·사랑 등 43개의 다양한 감정표현을 방대한 자료에 근거해 진화론의 관점에서 분석했다.

폴 에크만 Paul Ekman은 거짓말과 진실을 말하는 사람들의 비디오를 분석해 사람들의 근육 움직임을 포착하고, 이를 '믿을 수 있는 안면근육'이라고 명명했다. 에크만은 7가지 감정을 담은 얼굴 표정이 장소와 인종에 상관없이 보편적이라는 사실을 밝혀냈다.

7가지 얼굴 표정

에크만은 인간의 수많은 감정과 얼굴 표정을 7가지로 최소화해 구분하고 그 표정을 제시했다. 다음에 제시된 인물사진은 미국 드라마 〈라이 투 미Lie to me〉에 나오는 장면이다.

- 슬픔sad: 위쪽 눈꺼풀이 역V자 형 태로 처지고, 아래쪽 눈꺼풀은 올 라간다. 이마에 가로 주름이 지 고, 입은 아래로 당겨진다. 시선 은 아래를 내려다보며, 여간해서 는 시선을 마주치지 않는다. 미소 지을 때와 마찬가지로 눈 주위의 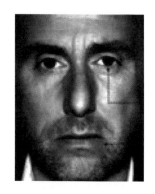 근육들이 당겨지지만, 나머지는 슬픈 표정과 미소를 쉽게 구 별하게 해준다. 특징적으로 전혀 행복해 보이지 않는다.

- 놀람surprise: 눈썹이 곡선으로 휘면 서 치켜올라간다. 홍채 위나 아래 로 흰자가 보인다. 위쪽 눈꺼풀이 위로 올라가고, 아래쪽 눈꺼풀은 본래 동그란 상태를 유지한다. 이 마에 주름이 보인다. 입이 벌어지 고, 입술이 떨어져 있다. 놀랐을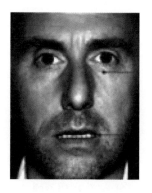

때는 눈썹이 올라가면서 눈이 한층 커지는데, 그렇게 함으로써 망막이 빛을 많이 흡수하게 되고 덕분에 시각적으로 상황을 받아들이기가 한결 수월해진다. 이는 받아들이기 힘들 만큼 놀라운 상황에 적응하려는 노력이다.

- 공포fear: 양쪽 눈썹이 치켜올라가 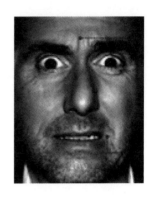 면서 미간이 좁아진다. 위쪽 눈꺼풀이 위로 올라간다. 홍채 위로 흰자위가 보인다. 아래쪽 눈꺼풀이 팽팽하게 당겨진다. 입술은 벌어지고 아래로 처지며, 팽팽하게 긴장된다. 뇌가 정보를 시상으로 보내고, 시상은 다시 정보를 편도체로 보낸다. 편도체는 시상 하부에 '투쟁 또는 도피' 반응을 시작하라고 지시한다. 시상 하부는 교감신경계와 부신피질 조직을 작동시킨다. 이런 신경활동이 혈류 속의 호르몬과 결합되어 닥쳐오는 위험 앞에서 맞서 싸우거나 여차하면 도망가도록 준비시킨다(자율신경계 중 교감신경계 작동 참고). 이런 모든 반응이 합쳐져서 무의식적으로 생존을 위한 옳은 결정을 내리도록 도와준다.

- 분노anger: 미간에 주름이 잡히면서 눈썹이 아래로 내려온다. 위쪽 눈꺼풀이 처진다. 바라보는 시선이 점점 강렬해진다. 아래쪽 눈꺼풀이 팽팽하게 당겨지고 긴장된다. 콧구멍이 커진

다. 때로는 입이 네모 모양으로 벌어진다. 입술이 경직되고, 아랫입술이 두툼하게 튀어나온다. 마음에 들지 않는 일이 일어나고 뇌의 편도체에서 분노 반응이 나오기까지 걸리는 시간은 1/4초 정도이다. 피가 손으로 몰리는 느낌

을 받는다. 여차하면 한판 붙어야 한다는 생각이 들면서 심장박동이 빨라지고, 혈압도 올라간다. 저절로 주먹을 꼭 쥐게 되고, 손에는 땀이 찬다. 사고를 내기 직전이다.

- 혐오 disgust: 보통 이마가 일그러진다. 눈썹이 아래로 내리운다. 콧등 윗부분, 미간에 주름이 진다. 아래쪽 눈꺼풀이 경직된다. 입을 오므린다. 또는 윗입술이 올라가면서 입이 살짝 벌어지기도 한다. 뇌의 편도체가 반응하면 혐오

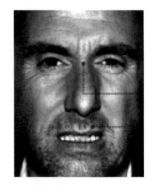

라는 감정을 만들어낸다. 불쾌한 것을 보거나 불결한 냄새를 맡거나 역겨운 맛을 보는 것, 심지어 그런 것들을 생각하는 행위만으로 혐오감이 유발될 수 있다.

- 기쁨 joy: 이마에 긴장이 풀린다. 눈썹 바깥쪽 끝부분이 살짝

내려간다. 눈이 작아진다. 눈가와
눈 밑에 잔주름이 나타난다. 볼이
올라가고, 코 옆에서 시작해 입가
로 흐르는 비구순주름(팔자주름)이
나타난다. 입 가장자리가 위를 향
한다. 입술이 살짝 벌어지고 앞니
가 보인다. 뇌에서 엔도르핀이 감

정을 관장하는 변연계의 오피오이드 수용체$^{opioid\ receptor}$로 몰
려든다. 기쁘고 행복한 사람은 무의식 중에도 긍정적인 감정
의 바이러스를 퍼뜨리고 있다.

- 경멸^{contempt}: 코에 주름이 잡힌다.
  비웃는 표정 때문에 한쪽 입술이
  올라가는 경우도 많다. 위아래 입
  술을 앞으로 내밀 때도 있다. 입
  을 굳게 다문 채로 입가만 살짝
  올라가기도 한다.

  이러한 얼굴 표정들이 만들어지는 것은 감정과 얼굴 표정 간에
일치함을 알려주는 사실이다. 과거 철학에서는 인간을 소개하며
'일원론'과 '이원론'을 구분해 설명했는데, 이원론에서는 마음과
몸을 분리시켰다. "마음이란 발견하고 발전시켜야 하는 대상이고
몸을 통제해야 하는 힘"이라고 설명했다.

그러나 일원론적 입장에서는 마음과 몸이 하나라는 입장으로, 마음과 몸은 상호작용한다고 설명했다. 이 일원론적 관점은 현재 감정(마음)과 얼굴 표정(몸)의 관계에서도 설명 가능한 입장이다. 우리는 기쁘고 즐거우면 우리의 신체 컨디션도 좋다. 반대로 신체적 컨디션이 안 좋으면 우리의 마음도 무거운 것을 느낄 것이다. 그렇다면 좀더 과학적으로 감정이 시작되는 과정을 알아야 할 필요가 있다. 이는 우리의 뇌에서 설명 가능하다.

'최초의 얼굴 지도', 얼굴 움직임 부호화 시스템

폴 에크만은 표정, 몸짓, 목소리만으로 거짓말을 알아내고, 상대방이 어떤 감정 상태인지를 알아내는 비언어적 커뮤니케이션 분야의 세계적인 전문가다. 1978년 얼굴 움직임을 체계적으로 묘사한 '최초의 얼굴 지도'인 '얼굴 움직임 부호화 시스템FACS; Facial Action Coding System'을 만들어냈으며, 미국 FBI·CIA 등 범죄용의자의 심리 분석 자문가이기도 하다. 실험을 통해 폴 에크만은 "사람들은 보통 몸보다는 얼굴에 더 많은 관심을 두기 때문에 거짓말을 할 때 표정도 조종하려고 한다. 따라서 다윈의 주장과는 반대로 얼굴은 몸만큼 좋은 정보가 되지 못한다. 나는 거짓말을 구별해낼 때 미세한 표정을 알아보는데, 훈련한 사람들을 제외하면 사람들은 믿을 수 있는 얼굴근육을 가지고 있기 때문에 대부분의 사람들은 아주 순간적이기는 하나 얼굴 표정을 숨길 수 없다"라고 말했다. 또한 이러한 미세표정에 관한 알아차림은 훈련을 통해 구별해낼 수 있다고 했다.

감정이 시작되는 곳, 뇌

변연계는 뇌하수체, 편도체, 시상, 시상하부, 대상회, 해마를 포함하고 있는 곳이다. 대뇌피질 아래 위치하며 감정, 의욕, 기억을 통제하는 일에 관여하고 있다. 변연계의 기능에는 분노와 공포 같은 감정적인 반응 이외에도 먹을 것, 마실 것, 성욕 등을 추구하는 반응도 포함된다.

변연계를 구성하는 부분들은 서로 긴밀하게 연결되어 있다. 편도체는 감정에 관여하는 주된 영역 중에 하나다. 편도체는 주어진 감정을 처리하고 경험하기 위해서 대뇌피질의 영역들과 상호작용한다. 편도체는 또한 해마 및 시상과 연결되어서 우정과 사랑 같은 감정에 영향을 미칠 뿐만 아니라 공포, 격분, 공격에도 영향을 미친다.

공포 자극으로 인한 신경 반응들은 시상으로 전달된다. 이곳은 편도체 부근에서 들어오는 감각신호를 받아들이는 통로 역할을 한다. 공포 자극을 받으면 시상은 공포와 불안을 일으킨다. 이로 인해 긴장되고 경직된 상태에 돌입해 맞서 싸우거나 도망칠 준비를 하게 된다.

해마는 기억, 특히 장기기억 형성에 관여한다. 또한 쾌락, 분노, 혐오, 불쾌감, 억제하기 힘든 요란한 웃음을 터뜨리는 기질 등에도 영향을 미친다.

뇌하수체와 함께 작용해 부신에서 위험한 상황에 반응해서 스트레스 호르몬을 분비하도록 지시하는 영역이 시상하부다. 몸에 스트레스 호르몬이 넘치면 우리는 맞서 싸우거나 도망칠 에너지를 갖게 된다. 시상하부와 뇌하수체는 스트레스에 반응해 다른 호르몬들도 분비한다. 이들 중에는 분노나 우울을 유발하는 것들도 있다. 뇌하수체pituitary gland는 행복감을 느끼게 하는 엔도르핀 같은 좋은 호르몬도 관장한다.

폴 에크만을 모델로 삼은 드라마, 〈라이 투 미〉

이 드라마에서는 폴 에크만을 실제 모델로 한 '칼 라이트만' 박사가 등장한다. 〈라이 투 미〉는 겉으로 드러난 사건 속 진실을 탐색해가는 수사물이다. 에크만을 주인공의 모델로 삼을 만큼 그에게 영향을 받은 작품으로 알려져 있다.

폴 에크만의 영향을 받은 영화, 〈인사이드 아웃〉

피트 닥터 감독의 영화 〈인사이드 아웃inside out〉도 폴 에크만의 영향을 받았다. 에크만이 제시한 7가지 감정을 바탕으로 기쁨, 슬픔, 공포, 분노의 감정을 등장시키면서 인간의 감정 변화와 그로 인한 얼굴표정 변화를 보여주는 영화다. 피트 닥터 감독은 얼굴표정 연구 전문가인 에크만을 찾아가 도움을 받고 제작했다고 할 만큼 에크만의 연구에서 많은 영향을 받았다.

비언어적 메시지_제스처로
상대를 알 수 있다

"외국에 나가면 그 나라 말을 잘 못해도 손짓, 발짓만 해도 통한다."
이 말을 한 번쯤은 들어보았을 것이다. 우리는 누구나 손으로도 말한다.
발은 물론 몸 전체로도 말한다. 중요한 사실은 제스처를 사용하면
전달하고자 하는 메시지를 더 강조할 수 있다는 점이다.

제스처에 관한 의미 파악에서는 상황이 매우 중요하다. 다음에
제시된 제스처를 통해 어떤 의미가 전달되는지 살펴보자.

악수, '잘해봅시다'

악수라는 제스처는 마치 접착제
처럼, 순간적으로 자기를 타인과 연
결시킨다. 악수는 낯선 사람과 공유
하는 친밀감이다. 그러나 의식적으

로든 무의식적으로든 본인의 우위를 보여주려고 하는 사람과 악수해야 하는 경우도 있다. 손을 아주 세게 쥐거나 상대의 손을 위에서 누르는 식의 악수는 대부분 그런 의도를 담고 있다. 이때 악수는 친밀감 형성이라는 본래의 목적을 달성할 수 없다. 따라서 이때는 악수를 통해 상대와 연결되었다는 느낌을 받을 수 없다.

손바닥을 위로 펼쳐 보이기, '감추는 것 없어'

이는 '나를 믿어달라'는 몸짓이다. 결백을 주장하는 논리가 부족하기 때문에 진실을 말하겠다고 주장하는 대신 믿어달라고 부탁하는 것이다. 손바닥을 위로 내보이는 행동은 대답에 스스로 자신이 없다는 의미기도 하다.

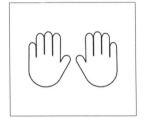

주먹 부딪히기, '우리는 통했다'

서로 주먹을 부딪히는 것은 연결 신호다. 상대와 아주 흡족한 방식으로 연결되어 서로 유대감과 애정을 느끼고 있음을 보여주는 방식이다.

팔짱 끼기, '내 공간에서 나가'

상대로부터 몸을 보호하는 방식은 스 스로를 편안하게 해준다. 하지만 상대 에게는 방어적으로 보이고, 두 사람 사 이가 가로막혔다는 느낌을 준다. 팔짱 을 끼는 행동은 부정적이고 폐쇄적인

인상을 주기 때문에 가능한 열린 자세를 유지하려는 노력이 필요 하다.

어깨 으쓱하기, '모르겠어요'

자신 또는 상대가 말하는 내용을 불 신하거나 무관심하다는 메시지를 전달 하고자 할 때 흔히 어깨를 으쓱한다. 어 깨를 으쓱하는 몸짓이 전달하는 주된 메시지는 불신이다. 이런 몸짓을 자주

하면 신뢰가 없는 사람으로 간주될 우려가 있다. 입으로는 강력하 게 뭔가를 주장하면서 어깨를 으쓱한다면 아무도 당신의 말을 믿 지 않을 것이다.

손을 옆으로 세워 내려치기, '이렇게 하는 거야'

이 동작은 다른 동작이나 말  과 함께 진행되는 경우가 많다. 그래서 '내려치기' 동작을 섞어 쓰는 경우가 많다면 리더가 되 었을 때 사용하는 것이 좋다. 말 하려는 요점을 강조하고 싶다면 옆으로 세운 손을 허공에 내리치 지 말고, 반대 손바닥에 내리치는 것도 한 방법이다.

골반에 손 올려놓기, '자신감 있어'

양손을 골반에 올려놓고 정면  으로 상대를 보는 행동은 권위 를 세우려는 목적이 있다. 자신 감을 보여줘야 하는 상황에서는 효과적이다. 자신감이 떨어져 심 리적으로 위축되면 근육도 긴장하기 때문에 몸이 굽어지게 된다. 긴장한 사람을 보면 신체적으로 경직되고 위축되어 있는 모습이 보인다. 만약 자신감이 떨어진다면 이 자세를 몇 초 동안 유지해보 자. 자신감을 순간적으로 끌어올릴 수 있을 것이다.

손톱 물어뜯기, '불안해요'

입술이나 손톱 물어뜯기 등은 자신감이 없음을 보이는 행동이다. 이런 행동을 하는 순간 상대는 나에 대한 호감이 떨어질 것이다. 중요한 면접이나 계약 상

황에서 협상을 벌이고 있다면 이런 행동을 해서는 안 된다. 조바심을 드러내는 몸짓이기 때문이다.

신체언어 중단, '거짓말하는 중이에요'

알리고 싶지 않은 사실을 감추고 있을 때는 비언어적인 단서들을 차단하려 한다. 움직이지 않으면 들킬 우려가 없다고 생각해서 신체언어를 차단하는 것도 위험에서 벗어나려는 일종의 경직 반응freeze response이다.

예를 들어 사람이 말할 때 눈동자를 보면 그 사람이 거짓말을 하는지 사실을 말하는지 어느 정도 예측할 수 있다. 그 이유로 거짓말을 할 때 눈동자의 초점이 잘 움직이지 않는다. 반대로 거짓이 아닌 사실을 말할 때 보면 눈동자가 자연스럽게 움직이고 있다. 즉 뇌가 거짓말을 들킬지 모른다는 두려움을 감지하고 움직이지 않는 방법을 택했기 때문이다.

7

성격에 대한 이해

우리는 누구나 자신과 타인의 성격에 관심을 갖는다. '그는 굉장히 내성적이야' '그는 고집이 이만저만 아니야' '그의 성격은 칼 같아' '그는 지나치게 꼼꼼해' '그는 정말 친절해' 등 우리는 모두 성격이 다르다.

성격을 이해하는 일은 사람들 간에 생기는 다름을 알고, 왜 이런 행위를 했는지 설명할 수 있다. 성격심리학은 이런 관점에서 사람들이 앞으로 어떤 행동을 할 것인지 예측하고자 한다.

성격심리학은 개인차를 밝히고자 하는 기초 영역부터 현실 장면에 적용하는 응용 분야까지 다양하다. 성격심리학을 통해 사람들 간의 개인차를 과학적으로 연구하고 설명하고자 노력하고, 이러한 이해를 통해 다양성을 존중하고 삶의 질을 개선하고자 노력한다.

성격 특질_
난 이런 성격의 소유자다

특질은 다양한 종류의 자극에
동일하거나 비슷한 방식으로 반응하는 성향이다.
특질을 나타내는 경우를 보면, '친절하다' '착하다' '조용하다'와 같이
어떤 한 사람을 표현할 때 사용하는 단어들이다.

한 개인의 성격이 타인과 같지 않은 것은 그들이 가지고 있는
특질trait의 정도가 다르기 때문이다. 특질이론에서 보면 한 개인의
성격은 평생에 걸쳐 비교적 일관된 모습을 보이고, 타인과 비교했
을 때 서로 다르다는 점을 강조하고 있다.

성격과 관련해 사람의 특질을 직접 관찰하기는 어렵다. 다만 그
사람의 행동을 통해서 특질을 추론하고 파악할 수 있다. 이때 행동
으로 나타나는 모든 것이 한 개인의 특질이라고 단정하는 것도 어
렵지만, 그 행동에 특질이 작용한 것은 분명하다. 그렇기 때문에
특질과 상태에 관한 차이점을 구분해야 한다.

특질과 상태 모두 어떤 사람의 관찰 가능한 행동을 통해 확인이

가능하지만, 특질은 지속적인 반면에 상태는 일시적이라는 점이 다르다. 어떤 사람의 특질은 그 사람의 일시적인 어떤 상태를 설명할 수 있다. 예를 들어 불안한 특질이 있는 사람은 그렇지 않은 사람들에 비해 불안한 상태에 빠질 가능성이 높다는 점이 그 차이를 구분 짓게 한다.

이뿐만 아니라 사람들마다 특질을 표현하는 강도가 다르다. 외향적이고 친화력인 강한 사람은 친구가 많은 반면, 내향적이고 친화력이 약한 사람은 상대적으로 친구의 수가 적을 수 있다. 그렇기 때문에 특질이론을 통해 사람들의 서로 다름을 비교해 그 성격을 파악하고 이해하고자 한다.

올포트의 특질

올포트^{Allport}는 성격을 특질들의 조합으로 보았다. 이때 특질은 개인으로 하여금 특정 방식으로 일관성 있게 행동하도록 만드는 비교적 안정적인 성향^{disposition}이다. 그는 특질을 각 개인 내에 존재하며 행동을 결정하고 행동의 원인이 되는 것이라고 보았다 (Allport, 1937). 그렇기 때문에 행동을 관찰하면 특질을 찾아낼 수 있고, 특질은 경험적 증명이 가능하다.

옷을 나름의 순서대로 옷장에 깔끔하게 정리해놓고 책상을 잘 정리하는 등 자신의 물건을 잘 정리정돈해서 언제든 쉽게 찾을 수 있는 사람이라면, 이 사람은 정리정돈을 잘하는 특질이 있다고 말

할 수 있다. 이러한 모습은 집이나 사무실뿐만 아니라 다양한 상황
에서도 일관적으로 나타날 것이다. 물론 이 특질을 통해 그 사람을
충분히 설명하는 것은 어렵겠지만 '그 사람이 왜 이와 같은 행동을
하는가'는 설명해줄 수 있다. 그렇기 때문에 올포트는 특질을 사전
에 이미 존재하는 성향이며, 행동을 일관성 있게 나타내는 원인으
로 보았다.

올포트는 인간의 특질을 공통 특질과 개별 특질로 구분했다. 공
통 특질은 한 사회·문화 안에 속한 사람 대부분이 공통적으로 지
니고 있는 특질로, 사람들을 서로 비교할 수 있는 일반화된 성향이
다. 개별 특질은 한 개인이 가지고 있는 고유한 특질로, 올포트는
개별 특질을 다시 기본성향, 중심성향, 이차성향으로 세분화해 소
개했다.

기본성향은 개인의 생활 전반에 광범위하게 퍼져 있어 거의 모
든 행동에서 그 영향력을 발견할 수 있는 성향이다. 이에 비해 중
심성향은 기본성향보다는 제한된 범위의 상황에 영향을 미치지
만, 행동에서 폭넓은 일관성을 보여주는 성향이기 때문에 주위 사
람들이 쉽게 알아차릴 수 있다. 예를 들어 어떤 사람에 관해 '성실
하다' '활발하다' '정직하다'라고 말하는 것은 그의 중심성향을 지
칭하는 것이다. 마지막으로 이차성향은 중심성향보다 덜 현저하고
덜 일반적이며 덜 일관된 성향을 말한다. 그래서 그와 가깝게 지내
거나 잘 알고 있는 사람이 아니라면 알기 어려운 극히 개인적 성
향(특정 대상에 관한 태도, 음식, 특정 상황에서의 행동 경향성 등)이다.

아이젱크의 특질

아이젱크[Eysenck]는 요인분석을 활용해 2가지 성격 차원, 나중에는 그것을 세 차원으로 확장한 특질이론을 발전시켰다. 즉 외향성-내향성[extroversion-introversion]차원과 안정성-불안정성[stability-instability]차원 (신경증적 경향성 차원으로도 불림)을 제시했으며, 이후 정신병적 경향성 [psychoticism]차원을 추가해 특질을 소개했다.

아이젱크의 성격 특질

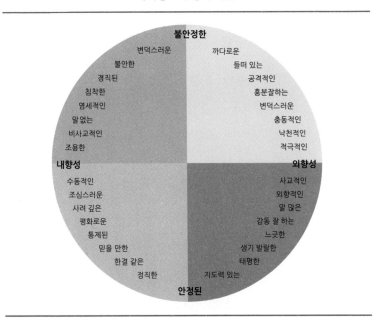

외향성-내향성 차원은 뇌의 각성 수준과 관련이 있다. 외향성인 사람은 충동적이고 적극적이며 사교적인 성격 특성을 보이는 반면, 내향성인 사람은 수줍어하고 관심이 한정되어 있으며, 내성적이고 사려 깊은 성격 특성을 보인다.

안정성-불안정성(신경증적 경향성 차원)은 정서적인 안정성과 관련이 있는 차원이다. 신경증적 경향성이 높을수록 정서적으로 불안정하고 예민해 사소한 일에도 지나치게 근심하는 경향이 있다. 그림 〈아이젱크의 성격 특질〉은 두 차원을 보여주고 있다. 이 두 차원으로 구분한 4사분면 각각에 매우 많은 특질들이 분포해 있다.

정신병적 경향성 차원은 정신질환자가 될 가능성을 반영하는 차원이다. 정신병적 경향성이 높을수록 타인을 배려하지 않고 이기적으로 행동하며, 공격적이고 냉정하며, 충동적으로 행동하고, 자제할 줄 모르는 행동 경향성을 보인다.

이후 맥그레McCrae와 코스타Costa는 아이젱크의 이론을 발전시켜

| Big5에 관한 설명 |

5요인	대표적 차원
개방성	창의적, 대담, 자유로운
성실성	믿을 만한, 성실한, 조심스러운
외향성	사교적인, 말이 많은, 자발적인
친화성	성품이 좋은, 마음이 따뜻한, 이타적
신경증경향	걱정이 많은, 상처를 잘 받는, 불안정한

성격특질을 5개의 요인으로 범주화했다(McCrae&Costa, 1999).

앞 페이지의 표 〈Big5에 관한 설명〉을 보자. 5요인으로 경험에 관한 개방성[openness], 성실성[conscientiousness], 외향성[extroversion], 친화성[agreeableness], 신경증경향[neuroticism]이 있다. 이 Big5의 기본 구조는 여러 문화권에서 반복적으로 확인되고 있으며 다양한 연령, 아동, 성인에게서 일반적으로 나타나고 있다(McCrae&Costa, 2006).

NEO 성격검사

NEO 성격검사는 Big5 모델에 입각해 외향성, 개방성, 친화성, 성실성, 신경증에 관한 기질적 성격구조를 파악함과 동시에 불안, 공격성, 우울 등의 임상적 성격특징을 파악함으로써 예방적·치료적 상담의 효율성을 높이는 데 목적이 있다. 이 검사의 기질적 정보는 한 개인의 대인관계 스타일, 창의적인 특성, 진로선택의 보조적 정보를

제공해준다. 특히 여러 가지 행동장애들, 즉 불안, 공격성, 우울, 사회적 위축, 정서적 충격, 반사회적 행동 등의 예측과 예방적 지도 및 치료적 상담의 효율성을 위한 훌륭한 정보를 제공하고 있다.

성격 경향성_
접근할까, 그냥 회피할까

> 감각추구 경향이 높은 사람은 자극 수준이 높은 활동을 선호하기 때문에
> 지루한 일을 싫어하고 도전과 모험을 추구한다.
> 이들은 감각추구 경향이 낮은 사람보다
> 더 충동적이고 외향적이며, 자기통제력이 상대적으로 약하다.

주커만Zuckerman은 아이젱크의 영향을 받아 감각추구sensation seeking
라는 성격 특성을 소개했다. 감각추구란 일반적으로 아주 높거나
낮은 수준의 감각자극을 선호하는 경향을 말한다. 감각추구가 높
은 사람은 높은 자극 수준을 선호해 새롭고 유쾌한 경험을 추구한
다. 게다가 신체적으로 위험한 활동을 좋아해 암벽 등산, 스카이다
이빙, 스킨스쿠버 등과 같은 익스트림스포츠 활동을 더 선호한다.

반면에 감각추구가 낮은 사람은 중간 정도의 자극 수준을 선호
해 흥분보다 안정을 추구한다. 그렇기 때문에 이들은 감각적인 자
극을 회피하는 성향으로 덜 충동적이고 내향적이며, 더 순종적이
다. 활동적인 측면에서도 격한 활동을 피하는 이유가 되기도 한다.

높은 감각추구 성향은 외향성과도 관련이 있다. 아이젠크는 외향성과 내향성의 차이가 자극에 관한 개인의 민감성에서의 차이 때문이라고 생각했다. 그는 각성을 조절하는 뇌의 망상체가 사교적인 사람보다 부끄러움이 많은 사람에게서 더 민감하다고 가정했다.

그레이Gray는 아이젠크의 이러한 생각을 더욱 정교화하고 그가 제시한 두 성격 차원을 반영해 2가지 기본적인 뇌 체계를 제안했다(Gray, 1991). 그레이는 행동에 관한 행동활성화체계BAS; Behavior Activation System와 그 반대인 행동억제체계BIS; Behavior Inhibition System를 소개했다.

BAS는 보상에 관한 예측으로 접근행동을 활성화시킨다. 예를 들어 한 개인이 새 자동차를 구입하면 기쁠 것이라고 기대한다면, BAS의 활성화는 그 사람으로 하여금 돈을 모아 자동차를 구입하게 할 것이다. 그렇기 때문에 BAS는 행복, 희망 등과 같은 긍정적인 느낌을 경험하게 하는 원인이기도 하다.

반대로 BIS는 처벌에 관한 예측으로 접근행동을 억제한다. 그렇기 때문에 BIS는 공포, 불안, 좌절감, 슬픔과 같은 부정적인 정서를 경험하게 하는 원인이 된다.

그레이의 이론은 특정한 성격 특성을 설명하는 데 도움이 된다. 예를 들어 법규를 위반해 벌금을 내야 하는 상황에 처할 때, BIS 민감성이 높은 사람은 BAS의 민감성이 낮은 사람보다 더 불안해할 것이다.

뇌에 기반한 접근경향과 회피경향의 차이

대뇌피질의 전전두피질prefrontal cortex은 이마 바로 뒤에 있다. 하나
는 뇌의 우측에 있는 반면에 다른 하나는 좌측에 있다. 이 뇌의 좌
우 구분은 각각의 활성화가 질적으로 다른 정서적 상태를 유발하
기 때문이다.

좌우의 구분에다가 또한 내측 전전두피질이 있다. 이 구조는 통
제의 지각과 숙달동기의 배후에 있는 반응-결과 수반성의 학습에
서 중심적인 역할을 한다. '내가 공부를 하면 좋은 성적을 얻을 것
이다'처럼 반응-결과 수반성 학습은 목표지향적이며 결과추구적
행위에 중요한 역할을 한다.

우측 전전두피질을 자극하는 사고는 부적 및 회피지향적 감정
을 발생시키는 반면에, 좌측 전전두피질을 자극하는 사고는 정적
및 접근 지향적 감정을 발생시킨다(Gable, Reis&Elliot, 2000; Sackeim
et, al., 1982). 공포를 유발하는 뱀을 보는 것은 PET스캔 확인 결
과 우측 전전두피질을 활성화시킨다(Fisher, Anderson, Furmark,
Wik&Fredirison, 2002).

사람들 간에 보이는 성격 차이를 뇌구조의 차이에서 찾을 수 있
다. 어떤 사람들은 특히 민감한 우측 전전두피질을 갖고 있어서 부
적 정서에 취약한 반면에 어떤 사람들은 특히 민감한 좌측 전전두
피질을 갖고 있어서 정적 정서에 높게 반응한다. 이 때문에 사람들
간에 성격 차이가 나타나는 것이다. 즉 전전두피질은 어떤 개인의
의식적 목표를 담고 있기 때문에 이 목표들은 일상적 서로 경쟁,

즉 먹고 싶은 마음 대 체중감량을 위한 마음 간에 싸움을 일으키기도 한다(Davison, 2003; Miller&Cohen, 2001).

뇌의 영역과 활동은 BAS와 BIS와 관련해 사람들의 상황과 무관하게 정적 또는 부적 정서에 민감한 성격유형을 보인다. 따라서 상대적으로 활동적인 좌측 전전두엽은 열중함과 접근지향성을 나타내는 성격의 생물학적 바탕으로 기능을 하고, 상대적으로 활동적인 우측 전전두엽은 불안과 회피지향성을 나타내는 생물학적 바탕으로 기능하고 있다. 세부적으로 살펴보면, BAS는 좌측 전전두엽의 높은 활동성(좌측 비대칭성)을 보이는 반면, BIS는 우측 전전두엽의 높은 활동성(우측 비대칭성)을 보인다.

성격과 뇌손상 관계를 다룬 연구들을 살펴보면, 뇌 손상은 성격의 변화를 가져온다. 사람들이 성격상 큰 변화를 겪는 경우는 그들에게 알츠하이머병, 뇌졸중, 뇌종양 등과 같은 문제가 있다는 것이 밝혀지고 있다(Feinberg, 2001).

또한 뇌의 화학 성분의 변화를 가져오게 하는 항우울증 약의 복용이나 약물학적 치료는 사람을 더 외향적이면서 덜 신경증적으로 만드는 것과 같이 성격상의 변화를 초래하기도 한다(Bagby et al., 1999; Knutson et al., 1998). 이러한 결과를 통해 성격을 생물학적으로 이해할 수 있다.

행동활성화체계와
행동억제체계 척도의 대표적인 표현

여러분이라면 선택의 기로에 놓였을 때 어떤 행동을 할 것인가? 접근지향적 행동을 취할 것인가, 아니면 접근회피적 행동을 취할 것인가? 다음을 읽어보고 어떤 경향의 사람인지 한번 파악해보자.

행동활성화체계의 대표적인 표현은 다음과 같다.

- 내가 원하는 어떤 것을 얻으면, 흔히 흥분하고 기운이 넘친다.
- 나에게 좋은 일이 일어났을 때, 일반적으로 나는 그 일로 인해 크게 영향을 받곤 한다.
- 내가 무엇인가를 원하게 되면, 나는 흔히 그것을 얻기 위해 전력을 다하곤 한다.
- 재미있다는 이유 하나만으로 나는 이런저런 일을 종종 할 것이다.
- 나는 흥분과 새로움을 매우 좋아한다.

행동억제체계의 대표적인 표현은 다음과 같다.

- 나쁜 일이 일어날지도 모르겠다는 생각이 들면 일반적으로 나는 크게 흥분하게 된다.
- 비판을 받거나 꾸중을 듣게 되면 마음이 많이 상한다.
- 누군가가 나에게 화를 내고 있다는 것을 알게 되면, 나는 많이 근심을 하거나 마음이 심란해진다.
- 나는 어떤 일을 제대로 하지 못했다는 생각이 들면 걱정을 많이 하게 된다.

프로이트_방어기제는 불안에서 벗어나기 위한 노력

프로이트는 원초아, 자아, 초자아 간의 역동으로 인해
갈등이 발생한다고 보았다. 대부분의 내적 갈등은 해결할 수 있지만,
어떤 갈등은 쉽게 해결하기 어렵고
아주 오랫동안 내적 긴장상태를 유발하기도 한다.

프로이트는 원초아^{id}는 출생 때부터 존재하는 가장 기본적이고 생물학적 추동^{drive}을 그 속에 포함하고 있는 부분으로, 성격의 가장 원초적인 부분이며 자아와 초자아도 여기서 발달한다고 주장했다.

원초아에는 먹고 마시고 배설하려는 욕구, 고통을 피하고 성적 쾌락을 추구하려는 욕구 등이 포함된다. 프로이트는 공격성도 기본적인 생물학적 추동의 하나로 보았다. 실제로 그는 전생애에 걸쳐 성적 추동과 공격적 추동이 성격의 가장 중요한 본능적 결정 요인이라고 생각했다.

원초아는 이러한 충동들을 즉각적으로 만족시키려 하는 쾌락원리$^{pleasure\ principle}$에 따라 작동한다. 즉 원초아의 특성은 어린아이처럼

외적 환경과 무관하게 지속적으로 쾌락을 얻고 고통을 피하려 한다는 것이다. 이처럼 원초아가 할 수 있는 것은 단지 원하는 것뿐이며 이는 일차과정으로 원시적·비논리적·비합리적이다.

이와 달리 자아ego는 외부 세계와의 접촉에서 발달되어 나오는 것으로, 생의 현실적인 요구를 처리할 수 있게 해주는 성격 부분이다. 이러한 자아는 사람으로 하여금 즉각적인 만족을 지연할 수 있게 하고, 현실세계에서 효과적으로 기능할 수 있게 해준다.

예를 들어 아동은 곧 자신의 충동이 언제나 즉각적으로 충족될 수 없다는 것을 알게 된다. 배고픔은 누군가 음식을 제공해야만 사라지고, 화장실에 갈 때까지는 배설이 지연되어야 한다. 이렇듯 성격의 한 부분인 자아는 어린 아동이 현실의 요구를 고려하는 것을 배우면서 발달한다. 즉 자아는 사회규범, 규칙, 관습과 같은 사회적 현실을 고려해서 행동을 결정한다. 이런 의미에서 자아는 현실원리에 따라 작동하는 성격의 의사결정 요소이자 집행자이며, 원초아와 현실을 중재하는 중재자 역할을 한다.

자아가 현실을 고려한다면, 초자아superego는 무엇이 옳고 그른가에 관한 사회적 기준을 통합하는 성격 요소로 사회의 가치와 도덕에 관한 내면화된 표상이다. 따라서 행위가 옳은지 그른지를 판단한다. 초자아는 개인의 양심과 도덕적으로 이상적인 사람에 관한 이미지(이상적 자아)이며, 초자아는 부모가 제공하는 상과 처벌에 관한 반응에서 발달한다. 처음에 부모는 상과 벌을 통해 아동의 행동을 직접적으로 통제하지만, 이후 부모의 기준을 초자아에 통합함으로써 아동은 행동을 자신의 통제하에 두게 된다.

예를 들어 아동은 도둑질이 잘못된 것이라고 말해줄 사람이 더 이상 없음에도 불구하고 도둑질을 하지 않는다. 이는 잘못된 것이라고 자기 내부에 있는 초자아가 말해주기 때문이다. 하지만 원초아가 초자아의 기준을 위반하거나 그렇게 하려는 충동이 나타나면 불안을 유발한다.

불안과 방어기제

불안은 주로 무의식적인 것이지만 죄책감 때문에 경험할 수 있다. 부모의 기준이 지나치게 엄격하면 개인은 죄책감이 들어서 모든 공격적 충동과 성적 충동을 억제할 것이다. 반면에 사회행동에 관해 납득할 만한 기준을 갖지 못한 개인은 행동 제약을 거의 느끼지 못하고, 제멋대로 행동하거나 범죄 행동을 할 수도 있다. 그러한 개인을 초자아가 약한 사람이라고 부른다.

프로이트는 원초아, 자아 그리고 초자아 간의 역동으로 인해 갈등이 발생한다고 주장했다. 대부분의 내적 갈등은 해결할 수 있지만 어떤 갈등은 쉽게 해결하기 어렵고 아주 오랫동안 내적 긴장을 유발한다. 프로이트는 오래 지속되는 대부분의 갈등은 성적·공격적 충동이라고 보았으며, 이러한 갈등은 완전히 무의식에서 진행되어 인식되지 않지만 불안을 유발한다고 보았다.

자아가 불안을 경험하면 불안을 물리치기 위해서 방어기제defense mechanism라고 불리는 자기기만적 방법을 사용한다. 이것은 수용할

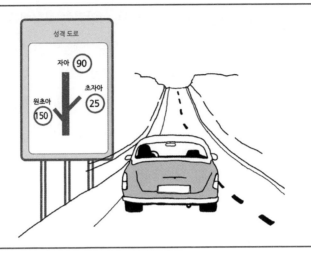

수 없는 충동에 의한 위협에서 생기는 불안을 감소시키려는 무의식적 대처 기제다.

  프로이트의 딸이자 정신역동전문가인 안나 프로이트^{Anna Freud}는 많은 유형의 방어기제를 소개했고, 이들이 어떻게 작동하는지를 설명했다. 이러한 방어기제는 우리로 하여금 불안을 극복하고 외부 세계에 효과적으로 적응하는 것을 도와준다. 그리고 특징적인 방어기제는 성격의 핵심적 모습이 된다.

  방어기제의 종류는 다음과 같다.

• 억압^{repression}: 가장 기본적이면서도 사람들이 가장 많이 사용하는 방어기제다. 불쾌한 사고나 갈등을 무의식에 묻어두는

방어기제다. 사람들은 죄책감을 야기하는 욕구, 불안을 유발하는 갈등, 고통스러운 기억 등을 억압하는 경향이 있다.

- 합리화rationalization: 자신의 숨겨진 동기나 감정을 감추기 위해 수용될 수 없는 감정이나 행동에 관한 그럴 듯해 보이는 설명을 갖다 붙이는 방어기제다. 이솝우화 '여우와 신포도'에서 합리화를 볼 수 있다.

- 투사projection: 자신의 생각, 감정, 동기 등을 타인의 탓으로 돌리는 방어기제다. 자신에게 잘못이 있음에도 불구하고 남 탓을 하는 경우다. 다른 사람에 관한 투사는 때때로 죄책감을 유발해 더 큰 문제를 야기하기도 한다.

- 주지화interllectualization: 스트레스를 주는 상황을 추상적이고 지적인 용어로 다룸으로써 그 상황으로부터 멀어지려고 하는 방어기제다. 인간의 고통에 직면하는 의사는 모든 환자에게 매번 정서적으로 관여할 수 없다. 하지만 주지화를 개인이 너무 많이 사용해 모든 정서적 경험을 차단하면 정서적 표현을 잘 못하는 다른 문제가 발생한다.

- 전위displacement: 어떤 대상에게 느낀 감정을 원래의 대상과는 무관한 다른 대상에게 전환하는 방어기제다. 쉽게 표현하면 "종로에서 뺨 맞고 한강에서 눈 흘긴다"는 말로, 직장 상사에

게 굽실거리고 기를 펴지 못하지만 자신보다 밑에 있는 사원에게 큰소리를 치는 경우가 그렇다.

- 반동형성^{reaction formation}: 자신의 실제 감정과 상반되게 행동하는 방어기제다. "미운 놈 떡 하나 더 준다"라는 말로, 반동형성이 작용한 행동은 상당히 과장되어 있다.

- 퇴행^{regression}: 미숙한 행동양식으로 되돌아가는 것을 말한다. 동생이 태어나는 경우 형이나 누나는 평소에 하지 않던 행동을 한다. 우스갯소리로 "나 다시 돌아갈래"이다.

- 승화^{sublimation}: 인간의 에너지를 중요하거나 가치 있는 활동으로 향하게 하는 것을 말한다. 내면의 불안을 아름다운 예술의 창조로 돌리는 사람들을 승화인^{sublimator}으로 간주한다.

우월성 추구_열등감을 딛고 우월감을 추구한다는 것

아들러에 따르면 열등감은 매우 보편적인 정상 현상으로,
이를 극복하고 보상하려는 노력을 통해서
자기 성장과 발전의 원동력을 만들어낼 수 있다.

아들러Adler는 인간은 통합적인 존재로 자신이 소중하게 여기는 목표를 향해서 미래지향적으로 나아가는 존재임을 강조했다. 이러한 인간의 삶을 좀더 구체적으로 설명하기 위해서 아들러는 '가상적인 최종목표'라는 개념을 제시했고, 이러한 목표의 이면에 열등감 보상과 완전성 추구의 동기가 존재한다고 주장했다.

개인을 이해하기 위해서는 그가 추구하는 목표와 더불어 그것을 추구하는 독특한 생활양식과 공동체 의식을 이해하는 것이 중요하다. 그는 이러한 성격특성을 형성하는 데 개인의 출생서열과 가족구조가 중요하다고 강조했다.

열등감 극복과 우월감 추구

아들러는 열등감^{inferiority}이 성격 형성에 중요한 역할을 한다고 믿었다. 그는 의사로 활동하면서 신체기관의 결함을 지닌 사람들이 이를 보상하기 위해 부단히 노력하는 것을 보았다. 아들러 역시 선천적인 신체장애(구루병, 비타민D 결핍으로 인해 성장을 방해하는 병)로 열등감을 경험한 적이 있었다.

아들러는 이를 기관 열등감^{organ inferiority}이라고 불렀다. 어린 아동에게서 신체 열등은 적응을 위한 도전일 뿐만 아니라 무능함의 고통이다. 그러므로 아동은 열등을 극복하고 보상하기 위해 노력한다. 그러나 스스로를 지나치게 열등하다고 평가할 뿐만 아니라 열등감을 타인이 인식하지 못하도록 숨기며 삶의 도전을 회피한다면, 열등감 콤플렉스^{inferiority complex}에 빠져 스스로 적응하고 성장할 수 있는 능력을 손상시키게 된다.

열등감은 우월감^{superiority}과 밀접한 관련이 있다. 우월감을 추구하는 것은 인간의 보편적인 욕구이지만, 열등감 콤플렉스의 과잉보상으로 나타날 수도 있다. 자신의 능력을 실제 이상으로 과대평가하고 자신이 항상 우월해야 한다고 생각한다면 그것은 이상적 자기^{ideal self}와 현실적 자기^{real self}를 혼동하는 것으로, 열등감 콤플렉스를 보상하려는 과장된 노력이 될 것이다.

아들러는 이러한 현상을 우월감 콤플렉스^{superiority complex}라고 불렀다. 우월감 콤플렉스는 마치 자신이 열등감을 느끼지 않는 것처럼 행동하려는 과장된 시도로, 현실적인 적응을 악화시킬 뿐만 아니라 필요한 능력의 습득을 방해함으로써 부정적인 영향을 미치게 된다.

아들러는 열등감을 인간의 보편적인 경험으로 여겼다. 또한 열등감을 극복하고 우월감을 추구하는 노력은 긍정적인 자기성장의 원동력이 될 수 있다고 보았다. 그러나 자신의 열등감을 인정하지 않고 성장의 기회를 회피하는 열등감 콤플렉스나 그 보상적 형태로 나타나는 우월감 콤플렉스는 부적응을 초래하는 병적인 상태에 빠지게 할 수 있다. 그렇기 때문에 열등감을 극복하려는 건강한 노력과 그것을 회피하려는 병적인 콤플렉스를 구별해야 한다.

우월감 추구를 위한 가상적 최종목표

아들러는 인간의 삶을 목적론적인 관점에서 이해하고자 했다. 그는 결정론을 전적으로 부인하거나 무시하지는 않았지만 목적론을 더 중요하게 생각했다. 인간의 모든 행동은 구체적이든 포괄적이든 어떤 목표를 지향하고 있다. 이러한 목표는 유전이나 환경의 산물이 아니라 자유롭고 창의적인 선택의 산물이다. 그렇기 때문에 인간은 누구나 자신의 인생에서 실현하고자 하는 궁극적인 목표를 갖고 살아간다. 이것이 바로 가상적 최종목표fictional finalism이다.

인간은 누구나 허구적인 이상을 갖고 살아간다. 허구적 이상은 실제적인 대응물을 가지 못하는 관념에 불과하지만, 개인의 삶에 강력한 영향을 미칠 뿐만 아니라 실제적인 유용성을 지닌다. 허구적인 이상은 인생에 의욕과 생동감을 불어넣을 뿐만 아니라 행동을 유발하는 기반으로 작용한다. 아들러는 개인의 성격을 이해하는 데 그가 지닌 허구적 이상, 즉 가상적 최종목표를 인식하는 것이 중요하다고 생각했다.

가상적 최종목표는 아동기부터 시작된다. 비록 이 시기의 목표는 구체적으로 인식되는 것은 아니지만 아동의 행동 방향성을 결정한다. 이러한 목표는 허구적이지만 개인의 인생에 있어서 최상의 지침으로 작용한다. 인간은 누구나 나름대로의 최종목표를 지니고 있지만, 대부분은 그것을 명료하게 지각하지 못한다. 그러나 이러한 최종목표는 성격통합의 기본원리로 작동하며, 개인의 삶을 인도하는 핵심이 된다. 즉 허구적 최종목표는 개인의 열등감을 보상하는 기능을 지닌다.

성격과 출생 순서

아들러는 어린 시절의 가족 경험과 출생 순서가 개인의 성격 형성에 중대한 영향을 미친다고 보았다. 가족이란 태어나서 처음 속하게 되는 사회집단이다. 그러므로 한 인간의 생활양식과 성격 형성에 중요한 영향을 미친다. 아이들은 가족 구성원 중에서 자신이 누구인지, 타인은 어떤 존재인지, 세상은 어떤 곳인지에 관해 다양한 신념을 형성한다.

가족 내에서 아이의 서열은 자신과 세상에 관한 관점과 생활양식을 발달시키는 데 중요한 역할을 한다. 가족 환경에 관한 지각은 아이마다 다르며, 시기에 따라 변화한다. 한 아이가 출생하면 가족 구조가 변하고, 가족원 간의 나이 차이나 아이의 성별이 가족 내의 아이들 서열 위치에도 영향을 미친다.

아들러는 출생 순서가 개인의 행동양식에 미치는 영향력을 강조했다. 다만 그것이 인생에 있어 결정적인 것은 아니라고 했다. 가족 내 형제 서열에 따라 아이가 겪는 경험은 다르다는 것을 소개하고 있다. 아들러는 개인의 발달에 중요한 영향을 미치는 사회적 맥락으로서 부모, 형제, 자매, 중요한 타인을 포함시켰다. 출생 서열에 따라 나타나는 전형적인 특징들이 존재하지만 이는 고정적이고 불변적이지 않다는 점을 염두해야 한다.

개인심리학의 주요 원리

아들러는 자신의 이론을 개인심리학individual psychology이라고 했다. 아들러의 개인심리학에서 설명하는 5가지 원리는 다음과 같다.

- 개인심리학은 개인과 개인의 생활 방식을 연구한다. 개인 속에 있는 욕구, 감정, 문화적 경험 등 사람에게서 관찰할 수 있는 공통점들을 개인의 내적 속성, 생활양식, 삶의 가치관에 속해 있는 것으로 이해하고자 했다.

- 개인은 유기체이면서 통일된 전체로 설명한다. 이때 개인은 다양한 동기나 욕구에 의해서 결정되는 것이 아니라 하나의 역동적인 힘에 의해서 결정된다. 이 하나의 힘을 하나의 동기라고도 볼 수 있고, 삶 자체의 원동력이자 발전과 전진의 원천이며 계속해 나가려는 노력으로도 볼 수 있다. 오늘날 자기실현, 능력, 역량, 자기 확장 등의 개념이 바로 여기에 해당한다.

- 개인심리학에서 개인은 자신과 자신을 둘러싼 상황을 검토하고 미래를 위해 최선을 기울일 수 있는 존재다. 스스로 정한 전체 목표와 우월성, 성공을 어떻게 규정하느냐에 따라 개인의 독특함과 방향성을 알 수 있다는 뜻이다. 목표를 설정할 때 객관적인 사실을 고려해 반영하지만 결국 목표를 수립하는 것은 개인이다. 때문에 그 목표에는 개인의 독특함, 창의성, 주관성이 반영되어 있다.

- 개인심리학은 둘러싸고 있는 큰 맥락을 이해하고자 한다. 이를 위해서 사회적 맥락을 배제할 수는 없다. 우리가 살고 있는 사회는 상당 부분 사회적 산물이고, 언어 또한 사회적 관계 형성의 중요한 역할을 하고 있다. 그렇기 때문에 개인심리학에서는 사람과 사람 사이의 상호작용을 중요하게 다루고 있다.

- 개인은 사회 속에 존재하기 때문에 사회적 관심^{social interest}을 가져야 한다. 즉 타인과 함께 공동체에 관한 관심이 있어야 한다. 이를 공동체의식이라고 한다. 이 공동체의식은 이타적 동기로 건강한 정신건강을 다루는 밑거름이 되는 개념이자 관점이다.

태어났더니, 정해져버린 출생 순위

아들러는 출생 순위 자체보다는 출생 순위에 수반되는 상황에 관한 개인의 지각이 중요하다고 보았다. 일반적으로 특정한 출생 순위인 아이들은 다음의 특징들을 가지고 있다.

'첫째'는 세상에 태어남과 동시에 부모의 사랑과 관심을 독차지한다. 그래서 안정, 성취, 용기 등으로 사회화된다. 그러다가 둘째가 태어나면서 사랑을 빼앗기고 이를 되찾으려고 노력하나 실패한다. 결국 애정이나 인정을 얻고자 하는 욕구에 초연해져 홀로 생존하는 전략을 습득해 남들과 좋은 관계를 맺으며, 사회적 책임을 잘 감당하는 특징을 보인다.

'둘째'는 태어나면서 주목의 대상이 되지 않는다. 처음부터 형이나 누나라는 존재가 있기에 그들의 장점을 능가하기 위한 자극과 도전을 받아 경쟁적으로 노력하는 생활양식을 형성한다. 첫째에 비해 외향적이고 야망을 갖고 있으며, 규칙에 영향을 받지 않는 편이다. 첫째보다 빠르게 성장한다.

'중간'은 형제들의 중간에 끼어 있다는 점에서 압박감을 느끼고, 불공평한 대우를 받는다고 생각한다. 그러나 형제들 간에 갈등이 발생하는 경우 중간에서 조정자 역할을 하기도 한다. 이 기술을 활용해 자신이 원하는 것을 얻기 위해 상황을 조정하거나 성공 가능한 분야를 선택하는 경향이 있다.

'막내'는 다른 형제들로부터의 관심과 사랑을 한 몸에 받아 버릇없을 수 있고, 의존적인 귀염둥이의 역할에서 벗어나는 데 어려움을 느낄 수도 있다. 반대로 막내라서 전혀 관심을 받지 못할 수도 있다. 손위 형제들에 관한 모델링을 통해 큰 성취를 이루기도 한다.

'외동'은 경쟁할 형제가 없으므로 의존심과 자기중심성이 현저하게 나타난다. 협동이 익숙하지 않고, 사회화가 잘 이루어지지 않는다. 다만 혼자 지내는 시간이 많기 때문에 상상력을 발달시킬 수 있다.

자기실현 추구_
가치의 조건화에서 벗어나기

> 사람들은 스스로 자기개념을 향상시키거나 이상적 자아를
> 변경함으로써 괴로움을 극복할 수 있어야 한다.
> 로저스는 성격 구조의 구성 개념을 자기self라고 보았고,
> 자기개념self concept이란 자신의 고유한 성질이나
> 전형적인 행동에 관한 신념의 총체라고 소개했다.

로저스는 인본주의 심리학자 중 가장 영향력 있는 학자다. 인간 본성에 관한 그의 관점은 인본주의 초기 연구에 큰 영향을 끼쳤다. 로저스의 이론은 프로이트의 이론과 마찬가지로 많은 환자를 치료한 경험에 기초하고 있다. 그는 특히 개인의 주관적 경험을 강조했기 때문에 그의 이론을 인본주의 이론이라고 소개하고 있다(Rogers, 1961; 1980).

로저스는 인간이 근본적으로 선하며 자기실현 경향성을 가지고 태어난다고 보았다. 그리고 아이들은 생애 초기부터 자기 자신과 자신의 행동을 평가하기 시작한다고 했다. 아이들은 자신의 행동이 좋거나 나쁠 수 있다는 것을 배우고, 자신이 실제로 어떠한지에

관한 이미지, 즉 자기개념을 발달시키며 자신이 되고 싶은 이미지로 이상적 자아를 발달시킨다. 이를 통해서 로저스는 자기개념과 이상적 자아를 비교하며 둘 사이에 불일치를 많이 느끼는 사람일수록 정신적 괴로움을 많이 느낀다고 보았다.

자기개념은 예를 들어 '나는 누구인가?' '내가 무엇을 좋아하는가?' '나의 성격은 어떤가?' 등에 관한 개인적인 생각이나 판단을 일컫는다. 자기개념은 정신분석에서 말하는 것처럼 무의식 속에 잠재되어 있는 것이 아니라 스스로 인식이 가능한 것이다.

중요한 타인

로저스(1960)는 성격발달의 측면에서 아동기의 경험이 자기개념과 경험의 일치 또는 불일치에 미치는 영향을 연구했다. 그에 따르면 모든 사람은 사랑받고 수용받으려는 욕구를 가지고 있다. 이때 대부분의 부모는 자녀의 애정욕구를 충족시켜주지만, 어떤 부모는 애정을 조건적으로 표현하기도 한다. 즉 아동이 부모의 기대에 맞게 행동할 때만 애정을 표현한다.

이처럼 부모의 사랑이 조건적일 때 아동은 자신이 무가치하다는 것을 경험해 부정적인 자기개념을 형성한다. 이렇게 되면 부모가 자신을 수용하지 않을지도 모른다는 생각에 아동은 걱정하고 불안해한다.

자신에 관한 타인의 사랑이 조건적이라고 생각하면 수용받기 위해서 점점 더 자신이 진정으로 원하는 경험을 왜곡시킬 수 있다. 즉 가치의 조건화conditions of worth가 생기고, 이것이 괴리감과 불안을 초래해 심리적 문제가 발생할 수 있다. 반면에 부모가 자녀에게 무조건적으로 애정을 표현하면, 자녀는 자신이 사랑받을 가치가 있다고 생각해 긍정적인 자기개념을 형성한다.

그래서 아동기에는 중요한 타인이 특히 중요하다. 이 시기에 중요한 타인은 아동이 성숙한 인간으로 발달할 수 있게끔 무조건적인 수용적 경험을 제공해야 하기 때문이다.

부조화

로저스(1961)는 자기개념의 주관적 특성을 강조했다. 자기개념은 자신의 주관적 경험과 완전히 일치하지 않을 수도 있다. 대부분의 사람은 긍정적인 자기개념을 가지기 위해 자신의 경험을 왜곡하는 경향이 있다. 예를 들어 자신은 잘 생겼고 멋지다고 생각하지만 실제로는 그렇지 않을 수 있다. 이처럼 자기개념과 현실 간의 괴리를 '부조화'라고 한다.

부조화란 자기개념과 실제 경험이 일치하지 않는 정도를 말한다. 반대로 개인의 자기개념이 아주 정확해 현실과 일치하는 것을 조화라고 한다. 사람들은 모두 어느 정도의 부조화를 경험한다. 때문에 문제는 정도의 문제다.

또한 로저스는 사람이 자신의 자기개념이 위협받으면 불안을 경험한다고 보았다. 자기개념이 부정확할수록 자기 지각과 상충되는 경험은 많아질 것이다.

따라서 현실과 일치하지 않는 자기개념이 있는 사람일수록 불안을 반복해서 경험하기 쉽다. 이러한 불안을 방어하기 위해서 사람들은 자기개념과 일치하는 방향으로 자신의 경험을 재해석하려고 한다. 또한 자기개념을 보호하고 유지하기 위해 현실을 무시하거나 부인하거나 왜곡시킬 수 있다.

상담자가 갖추어야 할 특성

로저스의 주요 관심사 중의 하나는 사람의 성격을 변화시킬 수 있는 방법이었고, 이를 위해 치료시 내담자의 감정을 충분히 반영할 수 있는 기술이 매우 중요하다는 것이었다. 그는 치료 장면에서 치료자의 활동과 지도가 최소화되어야 하고, 내담자가 말하는 것에 비지시적으로 접근해야 한다고 보았다.

그는 상담 장면에서 상담자가 내담자를 대하기 위해서 갖추어야 할 특성으로 일치성congruence, 무조건적인 긍정적 존중unconditional positive regard, 공감적 이해empathic understanding를 강조했다(1959). 여기서 일치성은 상담자의 진실함을 의미하는 것으로, 상담자가 진실할 때 내담자는 자신의 감정에 개방적이며 거짓된 겉치레를 떨쳐버리고 솔직하게 속내를 보이는 행위를 뜻한다.

무조건적인 긍정적 존중은 내담자를 평가하지 않고 있는 그대로 존중하고 수용하는 것이다. 사람들은 자신이 수용받고 있다고 느낄 때, 자신이 실패한 것을 알고 있는 경우에도 스스로를 가치 있게 여길 수 있다. 자신이 어떤 모습이든 상관없이 있는 그대로 인정받고 있다는 사실을 발견하면, 사람들은 가식을 버리고 솔직하게 감정을 고백하며 큰 안도감을 느낄 것이다.

공감적 이해는 상대방의 입장에서 있는 그대로 이해하는 것이다. 상담자가 공감적이면 상대방의 감정을 공유하고 그의 의도를 받아들일 수 있다. 상대방을 이해하고 공감하면서 상대방의 말을 청취하는 경우는 드물고 어렵지만, 공감하며 경청하는 것이 내담자가 변화하는 데 큰 힘이 될 것이다.

로저스에 따르면 일치성, 무조건적인 긍정적 존중, 공감적 이해는 인간을 보다 건강하고 긍정적으로 성장하게끔 만들어주는 자양분이다. 인정받고 칭찬받을수록 사람들은 자기 자신을 보다 더 아끼고 보살피는 태도를 발달시키는 경향이 있기 때문이다(Rogers, 1980). 자신의 말에 공감하면서 잘 들어주면, 사람들은 자신의 내적 경험의 흐름에 더욱 정확하게 귀를 기울일 것이다.

가치의 조건화에 빠진 아이들

어린 자녀가 있는 가정이라면 부모-자녀 관계에서 '누가 더 우위를 차지하고 있는지' 알아보자. 부모가 자녀보다 더 우위를 차지하고 있을 것이고, 이에 관해 많은 사람들이 인정할 것이다. 부모가 우위를 차지하고 있다는 것은 부모의 의지가 자녀들에게 많이 투입됨을 말한다. 이는 자녀들이 진정으로 원하는 것보다 부모가 원하는 모습에 맞추어 자녀들이 양육되고 있다는 말이기도 하다.

그런데 이러한 방식이 정말 자녀를 위한 방식일까? 생각해보면 그렇지 않은 경우가 더 많다. 자녀를 위한다고 말은 하지만, 정작 누구를 위한 것일까? 부모를 위한 양육방식일 수도 있다. 이렇게 되면 자녀는 부모-자녀 관계에서 약자이므로 부모의 의지에 거역할 수 없게 된다. 왜냐하면 부모의 사랑과 관심, 보호를 받아야 하기 때문이다. 거역할 수 없기 때문에 부모의 의지에 순종하고 착한 자녀로 성장하는 것이다. 그러나 알고 보면 여기에 함정이 있다. 이는 가치의 조건화에 빠진 아이들의 모습일 뿐이다.

정말 누구를 위한 양육인지 생각해보자. 자녀를 위한 양육인가? 따지고 보면 부모 자신을 위한 양육은 아닌가? 가치의 조건화에서 벗어나려면 자녀가 하고 싶고 원하는 방향으로 양육하는 것이 더 나은 양육이 아닌가 생각해야 한다. 양육의 방향은 자녀의 있는 그대로의 모습을 인정하고 기다려주며 자녀가 원하는 길로 갈 때 조력해주는 것이다. 이것이 부모의 역할이다. 그래야 자녀는 자신의 인생에서 불안과 괴리에 빠지지 않고 온전히 자신의 힘으로 삶을 개척할 수 있다.

구성개념_
인간은 누구나 과학자다

인간은 세상을 나름대로 구성하고 그 안에서 산다.
인간은 자신이 생활하는 환경을 파악하기 위한
인지적 구성개념을 창조하고 그러한 구성개념에 근거해
생활사건을 해석하고 예측한다.

켈리Kelly는 인간의 성격을 인지적 측면에 초점을 맞추어 설명하고자 했다. 켈리는 '인간은 현상을 관찰하고 자신만의 개념과 이론으로 세상을 탐구하고 사는 과학자와 같다'고 소개했다. 모든 사람은 과학자처럼 각자 독특한 구성개념을 갖고 그 안에서 사건을 이해하고 예견하며 삶을 영위한다는 것이다.

따라서 개인의 성격을 파악하기 위해서는 그가 세상을 해석하고 조직화하는 독특한 인지체계인 개인 구성개념personal construct을 이해하는 것이 중요하다.

과학자로서의 인간

켈리는 인간을 '과학자로서의 인간'으로 가정했다. 즉 사람들은 자신의 구성개념에 근거해 사건을 해석하고 예측하며 통제한다는 뜻이다. 과학자가 자신의 이론을 구성하고 검증하듯이 인간은 주변에서 일어나는 사건들을 관찰하고 그것을 잘 설명할 수 있는 나름대로의 개념과 이론체계를 구성한다. 이뿐만 아니라 그 안에서 미래를 예측하고 통제하면서 그림 〈자신의 구성개념을 재검토하는 과정〉처럼 자신의 구성개념을 재검토하며 살아간다.

자신의 구성개념을 재검토하는 과정

훌륭한 과학자는 견실한 개념과 이론에 근거해 정확하게 미래를 예측하지만, 어설픈 과학자는 부실한 개념과 이론으로 잘못된 예측을 일삼는다. 이와 마찬가지로 건강한 개인은 정교하고 체계적인 구성개념을 지니고 미래를 정확하게 예상하며 적응적인 삶을 영위하겠지만, 그렇지 않다면 단순하고 혼란스러운 구성개념을 지니고 부적응적인 삶을 살 수도 있다.

개인적 구성개념

잘 만들어진 구성개념은 현재 처한 상황을 잘 설명하고 미래를 예측하는 데 유용하다. 유능한 과학자는 자신의 구성개념과 이론을 새로운 정보에 알맞도록 지속적으로 수정하고 발전시킨다. 적응적인 사람들은 자신의 경험 속에서 직면하게 되는 새로운 정보에 알맞도록 자신의 구성개념을 지속적으로 개정하고 새롭게 한다. 이를 구성적 대안주의constructive alternativism라고 한다.

구성적 대안주의란 세상을 구성하는 방식에는 다양한 대안이 존재하며 개인은 자신의 구성방식을 다른 대안으로 얼마든지 변화시킬 수 있다는 것이다. 인간은 다양한 상황이나 사람들과 접촉하면서 그것에 부합하는 구성개념을 발달시킨다. 개인은 새로운 사람과 상황에 직면하면 구성개념의 목록을 확장하거나 수정하면서 적응할 수 있다.

이러한 구성개념의 수정은 지속적으로 일어나는 과정이자 적응적인 삶을 위해서 필요한 과정이기도 하다. 즉 인간은 자신의 구성개념을 변화된 상황에 적절한 대안적 구성개념으로 수정하거나 대체하면서 현실에 적응해가는 존재다.

개인적 구성개념의 11개 원리

켈리는 개인의 삶에 개인적 구성개념이 어떻게 형성되고 어떤 구조를 지니며 개인의 삶에 영향을 미치는지 체계적으로 이론을 발전시켰다.

켈리는 '성격 이론: 개인적 구성개념의 심리학a theory of personality: The psychology of personal constructs'에서 개인적 구성개념 11가지 원리를 소개하고 있다(Kelly, 1963).

- 구성개념 원리: 개인은 사건의 반복을 해석함으로써 사건을 예견한다.

- 개별성 원리: 사람들이 각자 가지고 있는 사건의 구성개념은 서로 다르다.

- 조직화 원리: 각 개인은 특성적으로, 예견하는 사건에서 자신의 편의를 위해 조직화한다.

- 이분법 원리: 개인의 구성개념 체계는 유연한 이분법적 구성 개념들로 구성되어 있다.

- 선택 원리: 개인은 자신을 위해 이분법적 구성개념에서 어느 하나를 선택하며, 그러한 선택을 통해 개인은 자신이 가진 체계의 확정과 정의를 위해 더 큰 가능성을 예측한다.

- 범위 원리: 구성개념은 사건들의 유한한 범위만의 예견을 위해 편리하다.

- 경험 원리: 개인의 구성개념 체계는 반복된 사건을 해석함으로써 변화된다.

- 조절 원리: 개인의 기존 구성개념 체계에서 새로운 구성개념들이 들어오면, 필요에 따라 받아들이거나 제한해 경험을 수정하거나 확장한다.

- 분열 원리: 개인은 추론적으로 서로 비교할 수 없는 다양한 구성개념 하부체계들을 계속적으로 이용할 수 있다.

- 공통성 원리: 한 사람이 타인이 사용하는 것과 유사한 경험의 구성개념을 사용하는 정도에 따라, 그의 심리적 과정은 타인의 심리적 과정과 유사하다.

- 사회성 원리: 한 사람이 타인의 구성개념 과정을 해석하는 정도에 따라, 그는 타인을 포함하는 사회적 과정에서 역할을 수행할 수 있다.

누가 옳은 사람인가?

우리는 현실을 어떻게 알 수 있을까? 현실의 진정한 실재는 아무도 알 수 없다. 인간은 나름대로 세상을 인지적으로 구성하고, 그것을 진실이라고 믿으며 살아갈 뿐이다. 구성개념은 개인이 세상을 해석하고 평가하는 인식 틀을 말한다. 동일한 사건에 관해서 사람마다 달리 행동하는 이유는 그들이 사건을 해석하는 방식이 서로 다르기 때문이다.

물론 인간은 세계 인식의 공통된 기초를 공유하고 있기 때문에 서로 의사소통을 할 수 있겠지만, 개인마다 독특한 구성개념을 지니고 살아간다. 인간세상에서 의견 차이로 논쟁과 갈등이 지속되는 이유가 여기에 있다.

그렇다면 어떤 사람의 구성개념과 세상에 관한 인식이 옳은 것인가? 아무도 '자신이 옳고 다른 사람은 틀렸다'고 말할 수 없다. 그러나 개인이 지닌 구성개념이 그 사람의 삶에 얼마나 도움이 되느냐에 따라 그 적응성을 평가할 수는 있다.

8

사회 속의 개인

만나기로 한 장소에서 친구를 기다리고 있는데 친구가 약속을 어겼다고 생각해보자. 그 친구의 속마음을 헤아려보려고 했는가? 아니면 사랑하는 사람과의 데이트 또는 친구들과 극장에서 영화를 보는 것, 직장상사와의 저녁 식사 등처럼 적어도 2~3명 이상이 개입되어 있는 상황에서의 나는 어떻게 모습으로 행동하고 있는지 그 모습을 떠올려보자. 나는 어떤 사람이었는가?

이처럼 사회적 상황에서 나타나는 개인의 인지, 정서, 행동을 연구하는 분야가 사회심리학이다.

경쟁_100m 달리기는 나보다 빠른 사람과 달려라

혼자서 묵묵히 일을 했을 때 수행의 결과가 좋았는지,
여러 사람과 함께 일을 했을 때 수행 결과가 좋았는지 생각해봐야 한다.
경우에 따라서 그 결과가 다르기 때문이다.

자신이 맡은 일을 언제 잘 수행하는지 생각해보자. 사람들의 대답을 들어보면 다양할 것이다. 어떤 사람은 혼자서 그 일을 묵묵히 해야 결과가 좋다고 할 것이고, 어떤 사람은 여러 사람과 함께 일을 해야 수행을 잘할 수 있다고 한다.

그런데 여기서 살펴보아야 할 것이 있다. 혼자서 묵묵히 수행을 했을 때보다 여러 사람과 함께 일을 할 때 수행의 결과가 더 좋다는 심리학의 연구다.

사회심리학자인 트리플릿Triplett은 1898년 사이클 선수들의 속도 기록을 검토하던 중 많은 선수들이 혼자 달렸을 때보다 경쟁하면서 달렸을 때의 기록이 더 좋았다는 사실을 발견했다. 경쟁 속에서 수행의 정도가 높아지고 좋아지는 현상을 사회촉진^{social facilitation}이라고 한다.

사회촉진

사회촉진은 공동행위자와 함께 일을 수행하거나 관중이 있을 때 수행을 촉진시키는 효과로, 공동행위의 사회적 촉진에 관한 효과가 검증되었다. 트리플릿은 타인의 존재가 경쟁 충동을 일으켜 수행 속도를 증가시키는 것이라고 했다.

그 후 올포트나 자이온스^{Zajonc} 등에 의해 연구가 계속 진행되었고, 공동행위자의 존재가 운동 수행이나 단순한 일에 관해 수행을 증가시킨다는 결과를 토대로 사회적 촉진이라는 용어를 사용하게 되었다.

트리플릿은 사회적 촉진을 연구하기 위해서 아이들을 대상으로 낚싯줄 빨리 감기 실험을 실시했다. 아이들을 2인 1조로 나누고 혼자 있을 때와 조원이 같이 있을 때로 나눠서 낚싯줄을 가능한 빠르게 감도록 시켰다. 실험 결과, 50%의 아이들이 혼자서 낚싯줄을 감을 때보다 자신의 조원이 옆에서 지켜보고 있을 때 훨씬 더 빨리 감았다. 이러한 결과를 바탕으로 트리플릿은 경쟁 심리와 사회촉진 현상의 연계성을 주장했다.

이 밖에도 우리는 경쟁심리가 개인의 능률을 향상시키는 사회촉진 현상을 야기하는 모습을 쉽게 볼 수 있다. 보험회사가 영업사원들의 실적을 공지해 실적이 높은 사원에게는 성과급을 지급하지만 실적이 저조한 사원에게는 분발을 요구하는 모습, 프랜차이즈 회사에서 우수 가맹점주에게 지원금을 부여하는 제도 등이 그렇다. 이는 어떠한 집단 내에서 개인들 사이의 경쟁심리가 각자의 능률 향상, 즉 사회촉진 현상을 야기하는 모습을 보여주는 좋은 예가 된다.

사회억제

그러나 사회영향의 단순한 경우인 사회촉진 현상도 실상은 사회심리학자들이 처음에 생각했던 것보다 훨씬 복잡한 현상이었다. 속도는 증가하더라도 정확도는 떨어졌고, 공동행위자와 관중으로 인해 수행이 저하됨을 알게 되었는데 이를 사회억제social inhibition라고 부른다.

자이언스는 공동행위자와 관중 같은 타인의 존재가 단순하거나 학습이 잘된 과제들의 수행 속도와 정확도는 향상시키지만, 복잡하거나 학습이 부실한 과제에서는 수행의 속도와 정확도를 저해시킨다는 것을 발견했다. 단순하거나 학습이 잘된 행동들에서는 우세한 반응이 정확한 반응이기가 십상이므로 수행이 촉진되게 마련이다. 복잡하거나 현재 배우고 있는 행동들에서는 우세하거나 발생확률이 높은 반응이 부정확한 반응일 가능성이 높다는 것이다. 자이언스는 이러한 결과를 바탕으로 접촉 횟수와 호감도 관계를 검증하며 이를 단순노출효과mere exposure effect라고 소개했다. 즉 접촉 횟수가 늘어날수록 상대의 호감도 높아진다는 것이다.

사회심리학자들은 사람들의 정신과정과 행동이 실제로 존재하는 타인이나 상상 속에 존재하는 타인에 의해서 조성되는 방식에 관해 과학적으로 밝히고자 노력하고 있다. 사회심리학자들은 인간의 행동이 행위자인 개인과 상황의 함수라는 기본적인 관찰로부터 연구를 시작한다. 상황이 동일하더라도 사람이 다르면 그 행동도 다르지만, 각 상황은 개인에게 영향을 미치는 상황 나름대로의 독특함 힘을 가지고 있다. 그래서 같은 사람이라도 상황이 다르면 행동도 달라진다.

사회비교_나는 지금 누구와 비교를 해야 할까

사람들은 긍정적인 자아상에 손상이 발생할 수 있는 경우,
자신보다 더 아래에 있다고 생각하는 사람들과 비교를 통해서
주관적인 안녕을 증진시킨다.
그래서 자기 고양을 성취하고 손상된 자아상을 회복하려는 경향을 보인다.

　사람들은 평상시에 타인과 자신을 비교한다. 살면서 한번쯤 이런 말을 들어보았을 것이다. "타인과 자기 자신을 비교하지 말고, 진정으로 자신이 원하는 삶을 살아라!"

　이 말은 타인의 삶을 신경 쓰지 말고 자신만의 정체성을 확립하며 살아가라는 말이다. 하지만 심리학자의 시선은 조금 다르다. 심리학자들은 "함부로 비교하지 말라"고 주장하지 않는다. 왜일까? 비교하지 않으면 안 되는 것일까?

　이에 대한 이유를 설명한 이론이 페스팅거Fstinger의 사회비교social comparsion이론이다. 페스팅거의 사회비교이론에 따르면, 사람은 자신의 의견과 능력을 타인과 비교해 자신을 평가하려는 욕구가 있

다고 소개했다.

사람들은 객관적이거나 물리적인 기준과 스스로를 비교하고 평가하는 것을 선호하지만, 이러한 객관적·물리적인 기준이 부재한 상황에서 의사결정을 해야 할 때 사회비교가 발생한다. 또한 사람들은 자신과 유사한 사람과 곧잘 비교하는 경향이 있다. 이는 사회비교이론에서 또 다른 중요 요소인 '유사성에 관한 욕구' 때문이다. 사람들은 자신과 유사한 사람과 자기 자신을 비교함으로써 타인을 나와 더 유사하게 바꾸려고 노력하는 동시에 자신도 타인과 더 유사해지도록 노력한다.

사회비교의 종류

사회비교는 비교의 방향에 따라 상향비교(자기향상동기), 유사비교(자기평가동기), 하향비교(자기고양동기)로 나누어 설명할 수 있다.

상향비교는 비교 대상을 자신보다 더 우위에 있는 사람들과 자신을 비교하는 것이다. 이러한 상향비교가 발생하는 이유는 사람들이 자신을 엘리트 집단이나 더 우월한 집단의 일원으로 생각하고자 하는 경향성이 있기 때문이다. 이는 결국 내가 속해 있는 집단이 그만큼 더 나은 집단이라는 의미가 되어서다. 이뿐만 아니라 상향비교를 통해서 스스로를 향상시키려는 동기가 발생할 수도 있다.

유사비교는 자신과 유사한 사람과 비교하는 것이다. 유사비교는 자신의 능력을 제대로 평가하기 위한 전략이다. 페스팅거에 따르면 자기평가 동기는 유사한 대상과의 비교 과정에서 커지고, 관련 특징이 비교 대상과 동등하거나 유사할 때 비교하려는 특징을 가장 정확하게 비교할 수 있다고 한다. 나와 비슷한 수준의 사람과 비교를 해야 현재의 나의 수준을 알 수 있기 때문이다.

하향비교는 타인과의 비교에서 자기보다 열등한 사람을 준거로 삼아 비교하는 것이다. 하향비교는 주로 자아상에 손상이 발생할 수 있는 상황에서 이루어진다. 예를 들어 암 환자들을 대상으로 한 연구를 보면, 대다수의 환자들이 자기보다 더 상황이 좋지 않은 사람들과 비교함으로써 자신의 상황에 대처한다는 것을 확인할 수 있었다.

사회비교의 동기

사람들이 사회비교를 끊임없이 하는 이유는 비교하는 과정을 통해서 몇 가지 생존에 중요한 이점을 얻기 때문이다. 먼저 사회적 정보를 획득할 수 있다. 사람은 타인의 행위를 모방하고 참고함으로써 삶에 유용한 정보들을 얻는다.

앞서 나왔던 상향비교와 유사비교에서 사람들은 다른 이들과의 비교를 통해 자신에게서 부족했던 정보들을 얻고자 하는 모습을 확인할 수 있다. 이러한 정보를 얻으려고 하는 이유는 자신의 생존에 도움이 되기 때문이다. 타인이 어떤 직업을 가지고 무엇을 먹고 살아가는지, 또는 무엇을 안전하게 여기고 무엇을 위험하게 여기는지 등에 관한 정보들을 끊임없이 타인을 들여다보고 자기 자신의 삶의 모습과 비교하는 것이 그 이유다.

또 다른 이점으로 사회비교의 과정은 소속감을 충족시키는 도구이기도 하다는 것이다. 인간은 사회적 동물이다. 타인과 함께 어울리고자 하는 것은 그들로부터 사회적 정보들을 얻기 위해서이기도 하지만 그들과의 협력과 교류를 통해 소속감, 유대감, 우정 등 정서적인 만족을 얻기 위함이기도 하다. 따라서 사람은 사회비교를 통해 자신과 타인 간 '공통점'과 '차이점'을 찾는다. 공통점은 키우고 차이점을 줄임으로써 내집단과 자기 자신 간의 동질감을 높이는 계기가 된다.

최근의 사회비교 이론은 개개인이 설정한 동기(자기평가, 자기향상, 자기고양 등)뿐만 아니라 행복 추구와 자존감$^{self-esteem}$, 그리고 스트레스 대처나 부정정서 경험 완화 등 다양한 심리적 현상을 설명하는 기제로 적용되고 있다. 특히 질병 및 스트레스 대처와 관련해 암에 걸린 사람들이나 우울증 등으로 고통스러워하는 환자들은 자신의 병의 진행 상태와 경과, 예후에 관해 더욱 정확한 지식이나 정보를 얻기 위해서, 또는 자기 고양 등의 목표를 충족시키기 위해 유사한 병에 걸린 사람이나 자신이 앞둔 수술을 이미 받았던 사람들과 자신의 상태를 비교하기도 한다.

재활연구를 보면 대부분의 환자들은 상향비교보다는 하향비교를 더욱 많이 하는 경향이 있었다. 하향비교로 인해 일시적이나마 안정감을 찾는 등의 긍정적 반응을 보였다.

다른 예로는 자존감과 관련해 축구동아리 활동을 하는 한 초등학생이 있었다. 이 학생은 다른 친구들만큼 축구공을 멀리 차지 못하거나 빨리 달릴 수 없다는 것을 알아차렸고, 그래서 자신은 친구들만큼 훌륭한 선수가 아니라고 판단했다. 그런데 축구는 남들보다 잘 못하지만 수학을 잘한다면, 이 초등학생은 사회비교를 통해서 자신이 못하는 행위보다 잘하는 행위에 초점을 맞추어 더 투자할 것이다.

청소년기와 초기 성인기에도 사회비교는 자존감의 핵심이 된다. 젊은이들은 자신이 타인과 비교해서 어떤지, 그리고 타인이 자신을 어떻게 생각할지에 매우 관심이 많다. 사회비교와 평가는 자신을 얼마나 긍정적으로 생각하는지에 영향을 미치기 때문이다.

비교할 수밖에 없는 상황, 그리고 이 상황의 힘

우리는 살면서 누군가를 좋아하거나 사랑하고, 미워할 때도 자신이 얼마나 일을 잘하고 있는지 평가할 때에도 타인과 비교한다. 이뿐만 아니라 우리는 특정 집단에 소속되어 있으면서 때로 그 집단의 영향을 받으면서 행동한다.

사회적 상황에서 우리가 하는 행동의 원인을 이해하기 위해 상황적 요인과 내재적 요인을 모두 고려해야 한다. 우리의 행동을 결정하는 데 개인의 내적 요인인 학습, 동기, 성격 등도 그 행동에 중요한 영향을 미치지만 우리가 처한 사회적 상황의 힘은 우리가 상상하는 것 그 이상으로 강력하다.

귀인_능력 탓을 해야 하나, 노력 탓을 해야 하나

사람들은 세상을 조금 더 정확히 이해하고 판단하며 예측하고자 한다.
그러나 이는 쉽지 않다. 어떤 결과가 일어났을 때,
그러한 결과에 이르게 한 요인은 한두 가지가 아니기 때문이다.
따라서 우리는 어떤 것이 가장 큰 영향을 끼쳤는지를 판단해야 한다.

어떤 결과가 무슨 이유에서 비롯되었는지를 판단하는 것을 귀인attribution이라고 한다. 사람들이 원인규명, 즉 귀인을 할 때 중립적이지 못해서 여러 가지 오류를 범하기도 하는데 그 오류 중 하나가 기본적 귀인 오류fundamental attribution error다.

하이더Heider의 상식심리학navie psychology에 따르면, 귀인은 결과의 원인을 과제의 난이도, 운, 타인의 영향 등 인간 외부의 상황에서 찾는지, 아니면 인간의 권한, 능력, 성격, 동기, 의도, 태도, 심적 상태 등의 내부적인 특질에서 찾는지에 따라 상황귀인과 성향귀인으로 나뉜다고 설명했다.

이러한 맥락에서 기본적 귀인 오류는 귀인을 할 때 상황의 영향력을 낮게 평가하는 편향^{bias}을 말한다. 말하자면 'C'라는 결과가 나온 이유는 A라는 외적 상황과 B라는 내적 성향 둘 다의 영향을 받았음에도 불구하고, 'C'라는 결과에 대해 A보다는 B 때문에 그런 결과가 발생했다고 여기는 오류를 말한다.

어떤 사람이 저지른 살인에 관해 귀인하는 과정에서 불우한 가정환경이나 가난 때문이라고 생각하는 것은 상황적 귀인이고, 성격 자체가 흉악하다고 해서 성향 탓으로 돌리는 것은 성향 귀인이다. 원인을 어디에 두고 있느냐에 따라 결과 해석이 달라지고, 이에 대한 대처 또한 달라질 것이다.

기본적 귀인 오류

로스^{Ross}는 사람의 행동에는 구조적 여건, 절박한 상황, 집단의 규범, 판단 착오 등 여러 가지 원인이 있는데 이러한 원인들을 무시하고 오직 행위자의 성격이나 동기 등 내적 특성에만 집중해 귀인하는 오류를 기본적 귀인 오류라고 지칭했다.

로스는 스탠퍼드대학교에서 한 학기에는 통계학을 가르치고 다음 학기에는 인본주의 심리학을 가르쳤다. 그런데 로스에 관한 학생들의 강의 평가는 전혀 달랐다.

통계학을 가르친 학기에는 학생들이 그를 '냉정하고 완고하고 쌀쌀맞고 까다롭고 보수적인 사람'으로 평가한 반면, 인본주의 심리학을 가르친 학기에는 그를 '내적 성숙과 공동체 문제에 관심이 있는 따뜻한 사람'이라고 평가한 것이다. 이는 과목의 특성이라는 환경적 영향을 무시하고 행위자의 내적 특성으로 돌리는 기본적 귀인 오류가 일어난 것이다.

오류를 알아야 하는 중요한 이유는 무엇일까? 귀인은 타인에 관한 인성 형성에 영향을 미치기 때문이다. 예를 들어 정말 어쩔 수 없는 이유로 돈을 못 가져온 친구에게 '저 친구는 양심이 없다'라고 첫인상을 규정해버리면, 이 첫인상으로 인한 색안경 때문에 이후 그 친구의 모든 행위를 '양심 없음'에 기인해버린다. 그렇기 때문에 실생활에서 객관적으로 판단하기 위해서 해야 할 일은 유연하게 대처하는 태도를 갖는 것이다.

'내로남불' 같은 귀인의 오류

귀인 오류가 일어나는 이유 중 하나는 타인에 관한 비현실적인 믿음 때문이다. 사람들은 한 개인의 결과를 그의 태도에서 비롯되었다고 믿고 싶어 한다. 하지만 알고 보면 상황 때문일 수도 있는데, 이 점을 무시하는 경향이 강해서 그렇다.

타인의 행동을 평가하는 데 있어서 언제든지 이러한 오류를 범할 수 있다. 이 오류는 특히 타인에 관한 평가에서만 두드러지는 경향이 짙다. 그 이유는 부정적인 결과의 원인이 개인의 내적 특질에서 비롯된다는 사실 때문이다. 이는 개인을 위축시킬 가능성이 높다. 그렇기 때문에 자신을 평가하는 경우에 부정적 결과의 원인을 상황 탓으로 돌리고, 타인의 경우에는 자신과 관련이 없으므로 그 원인을 개인적인 자질 부족으로 돌리는 것이다. 즉 내 문제는 '세상 탓'이지만 남의 문제는 '사람 탓'이라는 논리다.

니스벳Nisbett은 이런 행위를 '행위자 – 관찰자 편향actor-observer bias'으로 설명했다. 행위자 – 관찰자 편향이란 내 문제는 내가 행위자이므로 내 행위에 가해진 상황적 제약을 잘 아는 반면에 타인의 문제는 자신이 관찰자가 되므로 상황적 제약을 이해하기 어려워서 남 탓을 한다는 것이다.

타인이 큰 소리로 음악을 듣고 있다면 시끄러워서 짜증나지만, 내가 좋아하는 음악을 들을 때는 시끄럽다고 말하는 사람을 이해할 수 없다. 그리고 욕을 하는 사람을 보면 '저런 몰상식한 사람이 있나?'라는 생각이 들지만, 막상 내가 기분이 나쁘고 화나는 일이 생기면 욕하는 것을 당연하게 여긴다.

이는 '자신이 행위자냐 관찰자냐' 하는 위치에 따른 차이에서 발생하는 것이다. 그래서 자신이 지각을 하면 '길이 막혀서 늦었어'라고 하며 지각의 원인을 외부 세상으로 돌리지만, 타인이 지각을 하면 '분명히 늦장을 부리다가 늦었을 거야'라고 생각하며 지각의 원인을 당사자 내부 문제로 돌린다. 이런 오류가 발전해 '내가 하면 로맨스, 남이 하면 불륜'인 이중 기준이 만들어지고, 일상을 지배하는 원리가 되는 것이다. 사실 사람들 간에 다툼의 원인 중 상당 부분이 이런 귀인 오류 때문이다. 일상에서 일어날 수 있는 모든 문제에 관한 이런 식의 이중 기준이 작동한다면 어떤 일에든 다툼이 일어나기 십상일 것이다.

귀인의 문화 차이

아래의 그림에 무엇이 보이는가?

　　귀인 오류의 근원(문화와 인지능력)에 관한 니스벳의 유명한 연구가 있다. 이러한 귀인의 오류는 크게 문화와 인지능력의 차원에서 분석할 수 있다. 문화 차이의 관점에서 동양의 집단주의 문화^{collective culture}보다는 서양의 개인주의 문화^{individual culture}에서 기본적 귀인 오류가 두드러지게 나타난다.

　　사회적인 맥락에서 상호의존적인 자기^{interdependent self}를 형성하는 집단주의 문화보다는 자기형성에 있어서 사회적 맥락을 배제하고 독립적 자기^{independent self}를 형성하는 개인주의 문화에서 상황의 원인을 개인의 내적 특성에 더욱 주목하는 것은 당연한 일이다.

　　물고기, 풀, 바위, 모래가 있는 물속의 장면을 기술하는 연구에서 일본 학생들은 "물이 녹색이다, 바닥이 바위투성이다"라고 기술했다. 반면에 미국 학생들은 눈에 잘 띄는 대상들 중에서도 특히 가장 크거나 가장 빠른 물고기를 기술하는 경향을 보였다. 즉 일본과 같은 집단주의 문화에서는 대상과 배경 같은 패턴이나 관계에 더욱 집중해 전체적인 사고를 한 반면, 미국과 같은 개인주의 문화에서는 배경 없이 단일 대상만 나타냈을 때 인식을 잘했다.

　로스는 동양인에 비해 개인주의적 성향이 강한 서양인이 이런 오류를 더 많이 범한다고 주장했다. 왜냐하면 서양 문화와 달리 동양 문화가 더 맥락적이고 상황을 고려한 문화이기 때문이다.

상황의 힘_왜 분위기에 휩쓸려 행동하는가

우리는 타인의 행위를 보고 "나 같으면 저렇게 안 해"라고 말하곤 한다. 하지만 실제로 당신이 그 상황에 놓였을 때, 과연 당신은 의지대로 행동할 수 있을까? 이 질문에 사람들은 '예'라고 대답할 것이다. 그런데 실제로는 어떤가?

사람들에게 "잘못된 상황에 처했을 때 법과 양심에 어긋나지 않게 바른 말과 바른 행동을 할 것인가?"라고 질문하면 대부분은 "예"라고 답할 것이다. 그런데 정작 심리학자들은 다른 주장을 한다. 사람들이 상황의 힘에 압도되기 때문에 막상 상황이 닥치면 자신의 의지대로 행동할 수 없다고 말이다. 심리학자들이 말하는 상황의 힘을 짐바르도Zimbardo는 스탠퍼드 감옥실험Stanford prison experiment을 통해 제시했다.

스탠퍼드 감옥실험은 1971년 짐바르도 교수가 진행한 실험으로, '감옥과 같은 억압된 환경 속에서 사람들은 어떻게 행동하는가?'라는 주제로 진행되었다. 이 연구에는 24명의 남성이 참가했다. 그들은 심리적으로 결격사유가 없었고, 대다수가 대학 이상의 학력인 사람들이었다.

실험 당일 죄수 역을 맡은 피험자들에게 실제 상황처럼 죄수번호가 적힌 죄수복을 입혔고, 오른쪽 발목에는 족쇄를 채우고 속옷 착용을 금지시켰다. 그러고는 피험자들을 3명씩 24시간 내내 지내게 하면서 이름 대신 번호로 부르게 했다. 반대로 교도관 역을 맡은 피험자들에게는 교도관 복장으로 모의감옥에서 법적 한도 내에서 자유롭게 규칙을 세울 수 있는 권위를 주었다. 교도관 역은 우연에 의해 선발되었음을 명시시켰고, 24명 모두에게 실험을 중단하고 집에 가고 싶다고 말하면 언제든지 귀가할 수 있다고 소개한 뒤 실험을 진행했다.

하지만 이 실험은 처음에 계획했던 2주를 채우지 못하고 6일 만에 막을 내리고 말았다. 실험이 종료되기까지 6일간의 내용을 살펴보면 다음과 같다.

감옥실험 진행과정

• 첫째 날: 임의로 분류된 교도관 역과 죄수 역 사이에서 말투나 감정의 변화가 나타나기 시작했다. 교도관은 명령조의 말투를 사용하는 반면, 죄수들은 수동적인 어투였다. 교도관들은 법적으로 금지된 육체적 체벌 대신에 언어폭력으로 죄수들을 모욕했다. 교도관들은 죄수들의 작은 행동이나 말 하나

에도 민감하게 반응했고, 이에 죄수들은 점점 더 수동적으로 변해갔다.

- 둘째 날: 교도관들은 새벽에 죄수들을 깨워 번호를 말하게 하는 등의 행위로 자신들의 권위를 강화시켰다. 이에 대해 폭동이 일어났고, 교도관들은 소화기를 이용해 폭동을 진압했다. 한편 모든 죄수들을 뒤돌아 있게 한 채로 한 명의 죄수에게만 팔굽혀펴기를 시켰다.

  자발적으로 야간 당직을 짜고 죄수들을 심리적으로 혼란에 빠지게 해 결속력을 약화시켰고, 그들은 폭동에 적극적으로 가담한 3명을 가장 악조건의 방에 수감시켰다. 반대로 폭동에 거의 가담하지 않은 3명을 좋은 조건의 방에 수감시켰다. 그리고 반나절 뒤 서로의 방을 바꾸어 수감시켰다. 이렇게 함으로써 죄수들에게 혼란을 주고 폭동 가담자들과 교도관들 사이에 모종의 거래가 있었을 것이라는 의심을 심어 죄수들 간의 결속력을 떨어뜨렸다.

- 셋째 날: 한 죄수 피험자가 고통을 호소하며 식사를 거부하자 짐바르도가 그를 면담했고, 그에게 귀가를 권했다. 그런데 그는 "다른 사람들이 나를 나쁜 죄수로 생각할 것이므로 중단하지 않겠다"라고 주장했다. 하지만 그에게 당신은 피험자인 일반인이며 이것은 모의상황이라는 것을 상기시켜주자 그는 집으로 귀가하겠다고 했다.

- 넷째 날: 가석방 신청이 실시되었다. 사실 이들은 돈을 내지 않아도 언제든지 중도에 실험을 포기하고 나갈 수도 있었다. 그러나 실험 상황인데도 불구하고 다수는 돈을 내고서라도 감옥에서 나가겠다고 응답했다. 하지만 죄수들의 가석방이 무산되었고, 모의감옥 내의 분위기는 더 악화되었다.

- 다섯째 날: 교도관들이 죄수들을 교묘한 방법으로 고문하고 성적 학대를 하는 것이 관찰되었다. 이에 피험자의 부모들과 동료들이 이 실험을 그만둘 것을 요구했고, 짐바르도는 실험을 조기에 중단하기로 결정했다.

- 여섯째 날: 실험을 종료하고 피험자들을 귀가 조치시켰다.

감옥실험 결과

사진 〈감옥실험의 장면〉에서 보듯이, 교도관 역의 피험자들은 교도관을 본 적도 없었음에도 실제 교도관이 하는 행동을 했다. 죄수 역의 피험자들은 실제 죄수처럼 교도관에게 복종, 폭동, 가석방 원하기 등 죄수의 행동을 보였다.

스탠퍼드 감옥실험은 정상적인 사람들이 상황에 따라 어떻게 변하는지를 보여주고 있다. 그들에게는 모든 선택권이 있었지만, 죄수라는 상황과 교도관이라는 상황이 그들의 선택권과 도덕성을

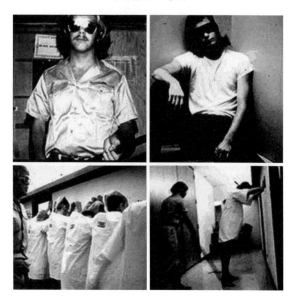

마비시켰다. 이처럼 우리가 어떠한 상황에 처하면 '개인'은 시스템과 상황의 뒷면으로 숨어버린다. 즉 상황과 시스템이 인간의 '책임감'과 '이성의 기능'을 마비시키는 무서운 힘이 될 수도 있다는 것을 알아야 한다.

동조_무엇이 남들을 따라 하게 만드는가

나도 모르게 타인을 따라 하는 경우가 있는데, 이를 '동조'라고 한다.
동조란 명시적 요청이나 명령 또는 부탁이 없어도 암묵적으로
집단의 압력을 느껴 집단 규범에 가까운 행동을 하는 것을 말한다.

동조conformity는 주어진 상황에서 타인의 영향을 받는 사회적 과정이다. 동조는 현대사회에서 발달한 미디어 및 소셜미디어에서도 나타난다. 미디어의 선택과 활용 과정에서 친구 관계를 유지하기 위해 친구들이 사용하는 미디어와 유사한 미디어를 활용해야 한다는 압력이 생기고 이는 동조현상으로 이어진다.

예를 들어 2000년대 초반에 싸이월드에 열광하던 많은 사람들이 페이스북facebook이나 인스타그램instagram으로 그 열기를 옮겨간 경우가 여기에 해당한다. 가상의 공간인 소셜미디어에서도 동조가 일어나기 때문이다.

소셜미디어에서는 동조효과가 더욱 활성화된다. 그 이유는 소셜

미디어에서의 다수 의견이 실제의 수보다 더 많다고 느끼고, 소수 의견은 실제보다 더 소수로 보여서 동조효과가 더 많이 일어나기 때문이다. 이러한 동조효과를 입증하는 실험으로는 셰리프Sherif의 자동운동 실험, 애쉬Asch의 동조 실험이 있다.

셰리프의 자동운동 실험

셰리프는 동조를 연구한 최초의 심리학자다. 빛이 들어오지 않는 공간에서 정지된 점을 보았을 때, 이 불빛이 실제로 움직이지 않더라도 불빛을 몇 초 동안 계속 응시하면 움직이는 것으로 착각하게 된다. 즉 자동운동 현상이란 일종의 시각적 착시를 말한다(Sherif, 1935). 이 시각적 착시가 심리학적 이론인 동조이론으로 연결되는 이유는 표본의 수가 다수이고, 참가자들이 서로의 답을 아는 것이 그 원인으로 밝혀졌기 때문이다.

실험을 보면 우선 참가자들을 분리시켜 놓고, 각자가 인식하는 점 움직임의 범위를 기술하게 했다. 이때에는 매우 다양하게 응답을 했다. 이후 참가자들을 모아놓고 집단 안에서 점의 움직임 범위를 기술하게 했을 때, 실험이 진행될수록 참가자들의 예측치는 하나의 정답으로 수렴되었다. 그 이유는 타인의 의견을 참조해 자신의 기준을 정해서였다.

이 실험을 통해서 이것이 동조임을 알게 되었다. 동조는 유사한 집단이나 같은 민족뿐만 아니라 한 세대에서 다음 세대로 이어질 수 있다. 즉 구성원들이 매우 강한 신념을 갖게 되거나 동질적 행위를 하게 되는 이유를 이해할 수 있는 중요한 사실을 제공하고 있다.

한편 셰리프는 이 실험에 또 다른 변수인 한 명의 공모자를 투입했다. 이 공모자는 자신의 의견을 확신하며 주장했다. 이때 집단의 사람들이 공모자의 답을 따라간다는 결과가 나왔다. 이 결과는 강제력이나 전문적인 지식은 없지만 일관되고 확고한 의지를 가진 한 사람이 집단 전체의 판단에 큰 영향을 미친다는 사실을 보여주는 것이다.

애쉬의 동조 실험

애쉬는 셰리프처럼 불확실한 상황에서 동조하는 이유를 연구하고자 사람들 사이에서 일어나는 동조실험을 실시했다. 애쉬는 다음 페이지의 그림 〈애쉬의 동조 실험에 사용된 자극〉에서와 같이 선이 그려진 카드를 실험과제로 선택했다.

왼쪽 카드에 그려진 선과 길이가 같은 선을 오른쪽 카드의 세 선분 중에서 찾는 간단한 실험이다. 오른쪽 카드를 보면 하나를 제외한 2개의 선은 왼쪽의 선과 확연히 차이 나는 것을 알 수 있다. 실험대상자들은 쉽게 정답을 맞혔다.

다음 단계에서 애쉬는 이전과 다른 실험 환경에서 실험을 진행했다. 7~9명 정도의 남자 대학생을 한자리에 모아놓고, 실험참가

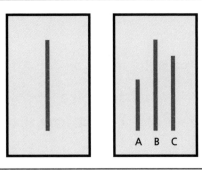

자들에게 그림이 보이면 돌아가면서 1명씩 정답을 말하도록 지시했다. 학생들 중 실제 참가자는 1명뿐이었고, 다른 사람들은 실험을 돕고자 모인 실험협조자였다.

첫 번째와 두 번째 시행에서 모든 실험대상자는 올바른 대답인 C를 말했다. 하지만 세 번째 시행에서는 상황에 변화가 있었다. 첫 번째로 대답하던 실험협조자가 정답을 C가 아닌 A라고 답한 것이다. 실험 상황을 찍어 놓은 비디오를 보면 참가자는 당황하고 있었다. 그 후 두 번째, 세 번째로 대답하던 실험협조자 또한 A라고 대답했다.

이후 실험참가자의 대답은 상당히 놀라웠다. 혼자였을 때 정확하게 정답률을 기록했던 실험참가자들의 41%가 오답을 말했다. 이 실험과정을 여러 차례 진행했을 때 실험참가자들 중 적어도 76%가 한 번 이상 틀린 답에 동조했다.

동조가 일어난 원인은 무엇일까? 애쉬는 첫 번째로 집단의 크기에 주목했다. 앞서 소개한 실험에서 집단의 크기를 2명에서 16명까지 늘리면서 실험을 시행했다. 틀린 대답을 하는 실험협조자가 1명일 경우, 즉 실험 인원이 2명일 때는 동조가 거의 일어나지 않았다. 그에 반해 실험협조자가 3~4명일 때 동조 효과를 최대로 얻을 수 있었다.

두 번째로 애쉬는 지지자의 존재에 관해 주목했다. 실험 과정에서 실험참가자의 답에 동의하는 지지자를 투입했다. 이 지지자가 존재할 때는 그렇지 않은 상황보다 오답률이 1/4로 떨어졌다. 한 사람이라도 자신의 의견에 동의하는 사람이 있다면 동조가 일어나는 정도는 급격히 낮아진다는 것이었다.

동조 실험의 영향력

사람들이 타인의 행동에 동조하는 이유는 애매한 상황에서 어떻게 행동해야 할지 몰라서 그렇다. 예를 들어 야구 경기를 관람하기 위해서 경기장에 처음 간다면 가장 먼저 매표소를 찾을 것이다. 이때 한 부스 앞에 줄을 서 있는 사람들을 보고는 '매표소인가?'라고 생각할 것이다. 그래서 매표소인지 확인할 것이고, 매표소가 맞다면 그 줄에 설 것이다. 즉 남들이 어떻게 하는지 살펴보고 따라하는 것이다.

이를 동조의 정보적 사회영향informational social influence이라고 말한다. 애매한 상황에서 타인의 해석이 자신의 해석보다 정확하다고 믿기 때문에 동조가 일어나는 것이다.

어떤 경우에는 자신이 집단 내에서 그저 보조를 맞추고 수용되기를 원하는 경우도 있을 것이다. 새로운 동호회에 가입하고 처음 모임에 참석한다면, 그 동호회의 분위기를 잘 모르니 분위기를 살피고 그에 맞는 행동을 할 것이다.

이를 동조의 규범적 사회영향normative social influence이라고 말한다. 집단 내에 용납되기 위해서 집단의 사회규범 또는 집단의 전형적인 행동들에 동조하는 것이다.

복종_맹목적인 권위에 누가 복종하는가

"시키는 대로 해" "하라면 해" "책임은 내가 질 테니 넌 시키는 대로 해" 등
분명한 이유도 없이, 그 이유를 알지도 못한 채
윗사람이 시키기 때문에 어쩔 수 없이 따라야만 했던 적이 있었는가?

권위는 어느 사회든 필연적으로 존재한다. 그런데 이는 비인격
적인 권위를 따르고 추앙하도록 가르칠 때 문제가 된다. 이전에는
어떠한 개인이나 신 등의 권위에 복종했다면, 현대사회의 권위는
직함이나 제복, 사회적 위치, 금전 권력 등으로 대체되었다. 이에
관한 맹목적 행위는 승진이나 이익으로 보상받고 복종obedience의 동
기를 강화시킬 뿐 아니라 구조를 영구히 고착화하는 역할을 한다.
이렇게 사회적 규율을 내면화한 사람들은 책임자의 말에 더욱 맹
목적으로 복종하게 된다.

실제로 사람들은 살면서 이러한 압력을 자주 경험한다. 부모님
과 웃어른의 말씀을 잘 들어야 한다는 분위기가 형성되면서 반복

적으로 주입받고, 학교에서도 비인격적인 권위 체계에서 순종적인 태도를 익힌다. 회사에서는 입바른 소리를 하면 상사에게 찍히고 사회생활이 힘들어지는 반면, 순응하면 편안한 생활과 승진 등을 보장받을 수 있다.

사람들이 왜 어쩔 수 없이 시키는 대로 따라야만 했는지, 그 이유를 찾을 수 있는 심리학 연구가 있다. 1960년대 미국 예일대학교에서 수행되었던 연구에서 그 답을 찾을 수 있다. 많은 시간이 지난 현시점에서도 수많은 사회적 상황에 적용되는 밀그램Milgram의 복종 연구다.

밀그램의 복종 실험 절차

밀그램은 예일대학교에서 권위에 관한 복종을 연구했다. 그는 신문에 '기억에 관한 연구'에 참여하면 시간당 4달러를 준다는 광고를 내고, 평범한 시민들을 실험참가자로 모집했다.

실험참가자들이 실험실에 도착하면 그들은 또 한 사람(실제 연구의 실험협조자)의 실험참가자를 만난다. 이 연구에서 두 사람 중 한 사람은 교사 역할을 하고, 다른 한 사람은 학생 역할을 할 것이라고 알려주었다.

실험참가자들은 교사 역할을 맡는 것으로 설계되어 있다. 교사 역할을 맡은 실험참가자가 학생에게 가르쳐야 할 것은 쌍으로 결합된 과제였다. 교사는 학생에게 일련의 단어를 읽어준 다음, 그

| 밀그램의 실험장치 |

쌍의 첫 단어와 4개의 낱말을 읽어준다. 예를 들어 '푸른 하늘, 좋은 날씨, 야생 오리' 등을 읽어준 다음, 평가할 단어, 즉 '푸른, 하늘, 잉크, 상자, 램프' 등을 읽어준다. 그러면 학생은 그 첫 번째 단어와 원래 쌍을 이룬 낱말을 가려내야 한다. 이 예에서는 '하늘'이 정답이고, 학생은 4개의 버튼 중에서 '하늘'에 해당하는 버튼을 누르면 된다. 실험참가자는 학생 역할을 맡은 사람이 오류를 범할 때마다 그 사람에게 전기충격을 가하는 레버를 눌러야 한다.

사진 〈밀그램의 실험장치〉에서 보듯 실험참가자는 학생 역할자가 의자에 묶이고 전기충격기의 전극이 손목에 부착되는 것을 목격한다. 그러고 나서 실험참가자는 옆방으로 가서 30개의 레버 스위치가 있는 전기충격기 앞에 앉는다.

각 스위치에는 15~450볼트 범위의 전압이 표시된 라벨이 붙어 있다. 그리고 왼쪽에서 오른쪽으로 '약한 쇼크' '중간 쇼크' '극심한 쇼크' 등과 같이 충격 수준이 표시되어 있고, 마지막 단계는 'XXX'로 적혀 있다. 스위치를 누르면 부저 소리와 불빛이 나며 전

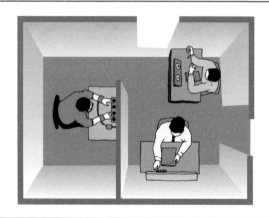

압기의 바늘이 오른쪽으로 움직이게 되어 있다. 전기충격기의 작동 상황을 알리려고, 실험참가자들에게 45볼트 스위치를 눌렀을 때의 충격을 직접 체험하게도 했다.

　그림 〈밀그램의 복종에 관한 실험 구조〉에서 보듯이, 연구자는 실험참가자에게 학생 역할자가 오류를 범할 때마다 매번 충격 수준을 한 단계씩 높이라고 지시했다.

　사실 학생 역할자는 실험협조자로, 전기충격을 실제로 받지 않았고 전기 충격을 받는 척했다. 학생 역할자가 자꾸 답을 틀리면서 전기 충격의 전압수는 상승했고, 그때마다 학생 역할자의 항변하는 소리가 옆방의 벽을 통해서 들려왔다. 신음소리 내기, 소리 지르기, 울부짖기, 그만하겠다고 절규하기 등의 연기를 했다. 충격이 300볼트에 이르렀을 때 그는 벽을 발로 차기 시작했으며, 그 다음

('극심한 충격'이라고 적혀 있는 'XXX') 수준의 충격을 가했을 때 아무 소리도 들려오지 않았다.

실험참가자들은 전기충격을 계속 가할 것인지에 관해 연구자에게 조언을 구하기도 했고, 더 이상 실험을 계속하고 싶지 않다고도 했다. 이때마다 연구자는 실험참가자에게 "계속해주셔야 합니다" "실험을 위해 당신은 계속하셔야 합니다" "당신은 선택권이 없습니다. 계속하셔야 합니다" 등의 대답을 했다. '권위에의 복종의 양'은 실험참가자가 계속하기를 거부한 시점 전까지 가한 최대 충격치로 측정했다.

밀그램의 복종 실험 결과

밀그램은 정신과 의사들에게 실험절차만을 알려주고 실험참가자들의 반응을 예측하게 했다. 그랬더니 이들은 대부분의 사람들이 150볼트 이상을 주지는 않으리라고 여겼다. 오직 4% 사람만이 300볼트 쇼크를 줄 것이고, 1% 이내의 사람만이 450볼트 쇼크를 줄지 모르겠다고 예측했다. 그러나 실험결과는 예상과는 전혀 달랐다.

다음 페이지의 그림 〈권위에의 복종: 전기충격의 수준〉에서 보듯이, 참가자들은 스트레스를 받으면서 실험자에게 항의도 했지만 대부분 명령에 복종해 전기충격의 마지막 단계까지 눌렀다. 학습자가 고통스러운 반응을 보이거나 풀어달라고 애원하더라도 명령

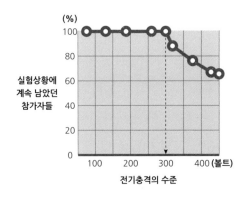

실험상황에 계속 남았던 참가자들

전기충격의 수준

에 끝까지 복종한 사람이 전체 40명 중 26명, 그러니까 65%가 마지막 스위치를 눌렀다. 이를 통해 권위의 합리성과 무관하게 맹목적으로 복종하는 인간의 행위를 볼 수 있었다.

이러한 복종과 관련된 역사적 사건은 제2차 세계대전 때 독일 나치군이 자행한 유대인 학살 사건에서도 찾아볼 수 있다. 유대인 학살 사건에 관여한 자들, 특히 수십만 명에 이르는 유대인들을 가스실로 보내 학살한 자들을 괴물로 일컬었으며, 인류는 이러한 현상이 어찌 해서 발생했는지 그 답을 찾으려 애썼다.

그 당사자인 아이히만에 관한 분석과 밀그램의 복종 실험 등을 통해 밝혀진 결과는 놀라웠다. 악은 특정한 기질을 가진 사람이나 악의나 가학성에서 비롯되는 것이 아니라, 불합리한 권위에도 복종하는 무비판적이고 맹목적인 행위에서 비롯된다는 것이었다. 그리고 악은 오히려 일반 시민들과 같은 평범한 얼굴에 의해 자행된다는 것이었다.

나치의 홀로코스트를 가능케 한 아이히만 등의 심리상태를 밝히고자 했던 밀그램의 권위에 대한 복종 연구는 심리학계에 큰 파장을 몰고 왔다. 나치즘의 경우처럼 사회 전반이 특정한 분위기로 흘러갈 때 구성원이 된 개인은 이러한 약속을 거스르기가 더욱 어려웠을 것이다.

이는 비단 제2차 세계대전의 상황에서만 발생했던 현상이 아니다. 왜냐하면 맹목적 행위는 인간의 심리적 행위이므로 현대사회에서도 쉽게 찾아볼 수 있기 때문이다.

9

스트레스와
건강심리학

우리는 경쟁이 치열한 시대에서 살고 있다. 힘이 들고 짜증날 때 '스트레스'라는 단어가 떠오를 것이다. 그만큼 스트레스는 우리 삶의 일부가 되었다. 많은 사람들이 경험을 통해 스트레스에 대한 나름의 개념을 가지고 있다.

스트레스는 주변 환경이나 사람으로 인한 압박감, 긴장감, 불편감 등으로 주로 부정적인 감정과 관련이 많다. 과도한 스트레스는 신체 및 정신 건강에 좋지 않은 영향을 준다. 이는 명백한 사실이다. 다만 스트레스 중 일부는 우리가 어떤 일을 하는 데 동기와 능률을 높여주는 경우도 있다.

스트레스_
별것 아닌 것이 아니다

> 스트레스는 견디는 것이 아니라 건강하게 풀어야 할 대상이다.
> 스트레스 대처는 개인에게 주어진 스트레스 상황을 얼마나
> 잘 다루거나 대처할 수 있는가에 관한 개인적 판단이 중요하다.

현시점에서 많은 사람들이 느끼는 스트레스stress 중에서 자신을 힘들게 하는 측면을 보면, 크게 3가지 측면에서 스트레스를 구분해 살펴볼 수 있다.

첫째, 자기 자신이 스트레스의 주범이다. 나는 어떤 사람인가? 관대한 사람인가, 아니면 엄격한 사람인가? 우리는 지나치게 관대해도 스트레스이고 엄격해도 스트레스인 경우를 종종 겪는다. 지나치게 관대하면 경쟁에서 뒤처지고, 너무 엄격하면 스스로를 들들 볶는다. 정도의 차이가 있겠지만 필요에 따라서 유연한 모습이 필요하다. 여유를 갖고 관대해야 할 때와 엄격하고 경쟁적이어야 할 때가 있다는 말이다.

둘째, 많은 사람들이 가장 힘들어하고 어려워하는 대인관계 스트레스다. 이 스트레스는 결국 자신과 다르기 때문에 야기되는 갈등과 오해에서 비롯되는 경우가 많다. 주변 사람들과 이야기하는 순간에는 서로를 충분히 이해하는 것처럼 느껴지지만, 나중에 딴소리를 하는 경우가 종종 있다. 내가 그렇게 말한 적도 없고 의도도 없었는데 괜한 갈등과 오해가 생기는 경우들이 있다. 심지어 좋아하고 사랑하는 관계에서도 그렇다.

무엇이 대인관계에서 스트레스가 생기는지 그 원인을 분석해보면, 결국 타인의 생각을 내 생각과 똑같이 하려고 해서 그렇다. 나와 사람들은 다른 존재다. 서로 공유할 수는 있지만 같을 수는 없다. 우리는 이 점을 받아들여야 하는데, 그렇지 못할 때 스트레스가 되는 것이다. 서로 다를 수 있음을 머릿속으로는 인정하지만, 마음과 행동은 따라주지 못하기 때문에 그렇다. 그러니 우리는 지금보다 타인을 인정하고, 상이하더라도 공유할 수 있는 생각을 만들어가야 한다.

셋째, 업業과 관련된 스트레스다. 학업스트레스academic stress나 직업스트레스job stress가 심각한 사람들이 많다. 스트레스가 심해지면 왜 학업이나 직업에 열심히 임해야 하는지, 그 이유를 상실하게 되는 경우가 있다. 이는 학업이나 직업에 무감각해지는 결과로 이어진다. 적성과 관련해서도 스트레스가 크다. 학업 및 직업과 관련해서 적성, 진로 등에 관한 스트레스 또한 무시할 수 없다.

스트레스의 개념

스트레스가 발생했다는 느낌을 알아차리기 위해서는 스트레스가 발생했을 때의 경험을 우선적으로 알아야 한다. 첫째, 생리적 반응을 보자. 속이 울렁거린다거나 심장이 쿵쾅거리고, 열이 오르는 현상을 목격할 수 있다. 둘째, 인지적인 측면에서는 생각의 오류가 일어난다. '실패하면 어쩌나' '바보처럼 보이면 어쩌지' 등과 같은 비합리적인 사고에 빠지는 경우가 종종 있다. 더 나아가 셋째, 정서적 반응이다. 두려움, 불안, 염려, 초조함, 당황스러움, 비통함 등과 같은 정서적 반응을 보인다.

스트레스는 용수철이 늘어났다 줄어드는 것과 비슷하다. 인간에게 스트레스가 가해지는 힘으로 생각해보면, 인간의 몸에 스트레스가 가해져서 답답함 등과 같이 부풀어졌다가 스트레스를 잘 대처해서 풀면 원상태로 되돌아가는 메커니즘을 갖고 있다.

셀리에^{Selye}는 스트레스를 '신체가 요구하는 비특이적 반응'이라고 했다. 즉 혼란스러운 사건의 원인과 결과를 모두 포괄하고 있고, 스트레스에 관한 원인을 포함하는 뜻으로 사용되고 있다. 스트레스는 지각된 위협과 도전을 처리할 때 인간이 경험하는 생리적·인지적·정서적·행동적 반응의 집합체이기도 하다.

스트레스가 발생하는 원인을 충분히 이해하지 못하면 스트레스에 대처하기가 어려운 경우가 있다. 홈스^{Holmes}와 라헤^{Rahe}는 스트레스의 원인을 정상적인 삶의 방식에서 적응을 요구하는 어떤 가벼운 생활사건으로 보았다. 예를 들어 휴일, 가벼운 법규위반에서

부터 심각한 생활사건인 사망, 사별 등까지 포함시켰다(Holmes&
Rahe, 1967). 즉 스트레스를 유발하는 사건은 긍정적인 사건과 부
정적인 사건을 모두 포함한다.

스트레스는 좋은 스트레스와 나쁜 스트레스로 구분할 수 있다.
나쁜 스트레스인 디스트레스^{distress}는 부정적인 스트레스를 말한다.
이는 신체·심리·사회적인 소진을 유발하는 신체 및 심리적 반응
이다. 예를 들어 일상에서의 골칫거리나 상사의 꾸중, 경제적 부담
등이 해당된다. 대부분의 사람들이 말하는 스트레스가 여기에 해
당된다.

앞서 언급했듯이 모든 스트레스가 부정적인 것만은 아니다. 디
스트레스의 반대인 유스트레스^{eustress}도 있다. 유스트레스는 긍정적
인 스트레스로, 삶의 활력을 유발하는 삶의 사건에 관한 신체 및
심리적 반응이다. 예를 들어 어느 정도의 긴장을 통해서 시험에 대
비하는 과정, 결혼식, 스포츠 경쟁에 참여, 새로운 경험에 도전하
기 등이 여기에 해당된다.

스트레스의 원인인 스트레서

스트레스의 원인이 되는 부정적인 자극을 스트레서^{stressor} 또는
유발인자^{trigger}라고 한다. 스트레스의 원인은 개인 내적 또는 외적
원인으로 나뉜다. 대부분의 스트레스는 내적 원인에 기인하는 경
우가 많다. 내적 원인으로는 불충분한 잠, 카페인, 과중한 일정과

같은 생활양식의 선택, 비관적인 생각이나 부정적인 생각, 비현실적인 기대, 비합리적이고 과장되고 경직된 사고 등이 있다.

반대로 외적 원인으로는 외부의 물리적 자극인 소음, 강력한 빛, 한정된 공간과 같은 물리적 환경, 관계적 측면에서 명령이나 무례함, 타인과의 충돌과 같은 대인관계적 측면, 조직에서 겪는 규칙이나 형식과 같은 역할과 규범, 직업 상실, 승진과 같은 생활의 사건, 지인의 죽음 등이 있다.

스트레스가 발생하는 원인은 연령별, 세대별로 다를 수 있다. 중고등학생이라면 입시 스트레스가 클 것이고, 대학생이나 사회 초년생이라면 취업 스트레스가 있을 것이다. 중년이나 노년 시기라면 직장 생활, 노후와 죽음에 대한 염려 등으로 스트레스를 받을 것이다.

대인관계에서는 입장 차이가 그 원인이 되어 갈등을 야기할 것이다. 직업적으로도 스트레스가 많을 것이다. 원치 않는 직무를 해야 할 때의 스트레스, 업무에 관한 상사 및 직원들 간의 갈등 때문에 스트레스를 받을 수 있다.

스트레스는 대처하는 것

대처coping란 내적, 외적 요구를 다루기 위해 자원과 전략을 효과적으로 사용하는 것을 말한다. 대처를 잘하기 위해서는 자기효능감self-efficacy이 중요하다. 자기효능감은 주어진 상황에서 성공적인 결과를 가져오는 개인의 능력과 기술에 관한 믿음이다. 기존의 성공경험을 토대로, 특정 행동이 특정 결과를 가져올 것이라는 기대가 높고 강할수록 효능감도 높아진다. 그러므로 자기효능감을 바탕으로 스트레스에 대처해야 한다. 원하는 결과를 가져오는 행동을 성공적으로 이루어낼 수 있다는 믿음이 강해야 할 것이다.

스트레스에 관한 재평가^{reappraisal}도 필요하다. 스트레스 재평가란 스트레스 반응을 감소시키기 위해 사건의 의미를 변화시키는 것이다. 특정 상황과 자기 평가의 교류적 평가 패턴의 일부다. 스트레스가 크다고 느껴지겠지만 스트레스를 대처할 수 있다는 평가가 필요하다.

더 나아가 긍정심리학의 전망이 필요하다. 즉 좋은 삶$^{good\ life}$에 관한 의지가 필요하다. 누구나 좋은 삶을 꿈꾼다. 그러나 이를 실천하는 사람과 그렇지 못한 사람들이 있다. 좋은 삶을 위해서는 강인성과 몰입, 향유(음미하기) 등을 활용해야 한다.

학습된 무기력_
당신이 도전하지 못하는 이유

> 학습된 무기력의 원인은 지나친 실패 경험이다.
> 연속적인 실패 경험과 새로운 대처가 불가능한 경우,
> 사람들은 무기력해지고 변화의 힘을 기대하지 못한다.

"실패는 성공의 어머니"라고 하지만, 실상은 그렇지 않다. 이 문장을 언급하는 것은 사람들이 살아가면서 실패를 어느 정도 피할 수 없기 때문에 실패를 하더라도 지금보다 노력하면 실패를 성공으로 바꿀 수 있다는 것을 강조하는 것으로, 사실 잘못된 표현은 아니다. 그럼에도 불구하고 실패를 경험하다 보면, 자신도 모르게 늪에 빠진 것처럼 더욱 무기력해지는 경우가 있다.

왜 점점 무기력해지는 것일까? 그 이유에 대해 셀리그만^{Seligman}은 다음과 같이 답했다.

학습된 무기력 실험

셀리그만은 학습된 무기력^{learned helplessness}에 관해 소개했다 (Seligman, 1976). 셀리그만이 수행한 몇 가지 중요한 실험은 통제 견해를 지지하는 증거를 제공한다. 이들의 기본실험에는 두 단계가 들어 있다.

그림 〈학습된 무기력 실험과정〉에서 보듯이, 개들이 쌍을 이루고 있다. 첫 번째 단계에서 한 개는 전기충격을 받는지의 여부가 자신들의 행동에 달려 있다는(통제되는) 것을 학습하는 반면, 다른 개는 전기충격을 통제할 수 없다는 것을 학습한다.

한 쌍의 개가 모두 족쇄에 묶여 있고 전기충격을 받는다. 한 쌍

학습된 무기력 실험과정

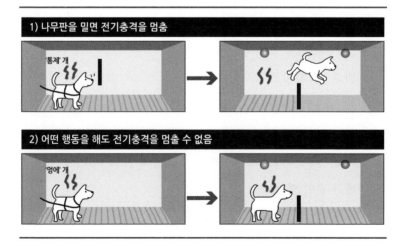

의 개 중 한 마리인 '통제' 개는 옆에 있는 판을 코로 밀어서 전기충격을 멈춘다. 다른 개인 '멍에' 개는 전기충격에 관해 아무런 통제도 가할 수가 없다. 즉 피할 수 없기 때문에 전기충격을 그대로 받고 있다.

'통제' 개가 전기충격을 받을 때마다 '멍에' 개도 전기충격을 받으며 '통제' 개가 전기충격을 끌 때마다 '멍에' 개의 전기충격도 끝이 난다. 따라서 '통제' 개와 '멍에' 개는 모두 동일한 횟수의 전기충격을 받는다. 첫 번째 단계에서 개가 무엇을 학습했는지를 알기 위해서 두 번째 단계가 필요하다. 두 번째 단계에서 실험자는 두 마리의 개를 왕복상자에 넣는다.

각 시행에서 우선 소리가 들리는데, 이는 현재 개가 있는 방에 전기충격이 올 것임을 알려주는 것이다. 개가 전기충격을 피하려면 경고음이 들릴 때 칸막이를 뛰어넘어 다른 방으로 넘어가는 것을 학습해야만 한다. '통제' 개는 이 반응을 신속하게 학습했다.

그렇지만 '멍에' 개는 달랐다. '멍에' 개는 칸막이를 뛰어넘는 행동이 처음부터 없었고, 그 자리에 엎드려서 전기충격이 끝나기만을 기다리고 있었다. '멍에' 개는 시행이 진행됨에 따라서 행동이 점점 수동적으로 되었다. 그러고는 결국 완전한 무기력 상태에 빠지고 말았다.

왜 그럴까? 첫 번째 단계에서 '멍에' 개는 전기충격이 자신의 통제하에 있지 않다는 사실을 학습했기 때문이다. 이러한 통제 불능이라는 신념이 두 번째 단계에서 조건화conditioning를 불가능하게 만든 것이다(조건화에 관한 학습원리 참조).

학습된 무기력 실험의 결과

실험의 첫 번째 단계에서 개는 무기력하다는 사실을 학습했고, 이러한 '발견'이 나중에 전기충격을 피할 수 있는 상황에서조차 회피하는 것을 학습하지 못하게 만들었다. 학습된 무기력은 통제 불가능한 부정적 사건들이 무감정과 우울을 유발하는 과정을 설명하고 있다.

일련의 실험을 통해 개는 전기충격이 오면 다른 칸으로 뛰어넘어 충격을 피하는 것을 학습할 수 있지만, 이 개는 이전에 충격을 피할 가능성이 없는 상자에 갇혀서 전기충격을 견뎌내야 했다면 새로운 상황에서 전기충격을 피하는 학습이 어려울 것이다.

학습된 무기력의 경로

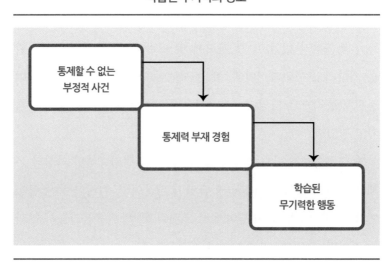

이 개는 그저 가만히 앉아서 충격을 참는다. 그저 별로 높지 않은 칸막이를 뛰어넘어 반대편 칸으로 가기만 하면 되는데도 말이다. 어떤 개는 심지어 실험자들이 이들을 다른 칸으로 옮겨놓으면서 방법을 가르쳐주어도 새로운 행동을 하지 못하고 참고 버텼다.

'멍에' 개는 이전의 경험을 통해 충격을 피할 방법이 없다는 것을 학습했다. 때문에 새로운 환경에서도 충격을 피하려는 시도조차 포기한 것이다. 결국 학습된 무기력을 극복할 수 없었다(Overmeier&Seligman, 1967).

그림 〈학습된 무기력의 경로〉에서 보듯이, 사람들 역시 통제 불가능한 상황에서 학습된 무기력, 무감정화, 위축, 무활동 등의 반응을 보인다. 그렇다고 해서 모든 사람이 학습된 무기력에 빠지는 것은 아니었다. 최초의 학습된 무기력 이론은 통제 불가능한 상황을 겪은 후 어떤 이들은 무기력해졌지만, 어떤 이들은 도전으로 받아들여 흥분을 느꼈다.

우리는 모두가 학습된 무기력감에 빠지는 것이 아니라는 사실에 주목할 필요가 있다. 자신의 심리적 자원인 낙관성optimism, 몰입감flow, 강인성 등이 학습된 무기력감에 빠지지 않게 도와준다. 그리고 가족, 친구, 동료 등의 사회적 지지social support가 학습된 무기력감에 빠지지 않게 도와준다.

두려움_내 안의 두려움을 없앨 수 있다

두려움이 생기면 다시는 그 일을 하고 싶지 않을 것이다.
어떤 음식을 먹고 체하면 다시는 그 음식을 먹고 싶지 않고,
충격적인 장면을 목격하면 다시는 그 장면을 보고 싶지 않은 것과 같다.

어떤 이유 때문에 두려움^{fear}에 관한 행동이 나타나는지 행동주의 심리학을 통해서 알아볼 수 있다. 고전적 조건화 원리를 활용한 행동치료기법인 체계적 둔감화$^{systematic\ desensitization}$를 살펴보자.

체계적 둔감화

체계적 둔감화란 행동치료기법의 하나로, 특정 자극이나 상황에 대해 비정상적으로 강한 불안이나 공포를 나타내는 사람(또는 환자)을 치료하기 위한 기법이다. 구체적으로 문제가 되는 불안, 공포와

양립할 수 없는 근육 이완을 문제가 되는 자극과 역조건 형성시키는 절차를 따르게 되는데, 체계적 둔감화를 통해 우리는 최종적으로 특정 자극에서 나타나던 비정상적인 불안이나 공포 반응을 완전히 제거 또는 치료할 수 있다.

체계적 둔감화는 1950년대 울페^{Wolpe}에 의해 개발된 행동치료 기법이다. 기본 가정인 공포반응은 학습되었거나 조건화된 것이므로, 불안 반응과 양립할 수 없는 반응을 대치시키는 치료법이다. 주로 이 치료 과정에 의해 억압되는 반응이 불안이고, 이 불안을 대치하는 반응으로 이완을 사용한다.

체계적 둔감화를 통한 치료는 특정 대상에 관한 두려움을 가진 내담자에게 이완작용을 활용해 그 대상의 자극에 관해 둔감화시킨다. 조건 자극(공포의 대상)을 다시 중성 자극으로 만든다고 볼 수 있다. 이 치료 과정을 통해 특정 대상에 관한 두려움이 소거되더라도 자발적 회복이 일어날 수 있으므로, 이 점을 고려해서 체계적으로 치료해야 성공 가능성이 높아진다.

체계적 둔감화 3단계

체계적 둔감화는 흔히 3단계에 걸쳐 일어난다. 거미 공포증이 있는 환자를 치료하는 과정을 한번 살펴보자.

첫 번째 단계에서는 불안하게 만드는 대상을 인지하고 그것에 계층을 부여한다. 처음에는 움직이지 않는 거미 그림을 본다. 그런 다음 좀더 사실적인 거미 사진을 본다. 마지막으로, 움직이는 거미를 만진다. 이런 식으로 자극의 크기에 관한 높낮이에 따라 계층을 부여한다.

두 번째 단계에서는 진정하거나 대처하는 기술을 배운다. 이를 이완이라고도 하는데 이완 방식에는 명상, 심호흡, 근육 이완 기술 등이 있다.

세 번째 단계에서는 전 단계에서 배운 이완 기술을 활용해 단계적인 공포의 상황을 극복해내는 것이다. 이 과정은 개인이 자극의 대상을 어떻게 대처하는지 배우고, 각 계층의 공포를 극복하는 데 목표를 둔다. 환자를 공포의 대상에 점진적으로 노출시켜서 꾸준히 회피를 극복하는 과정이다. 구체적인 대상 또는 사물이 아니라면 그 상황에 놓여 있다고 상상하게 해서 치료할 수도 있다.

두려움 위계표

두려움 위계$^{fear\ hierarchy}$표를 만들어서 체계적 둔감법이나 실제 상황 둔감법에서 사용한다. 최소 공포부터 최대 공포까지 다양한 공포 상황을 나열한 것으로 각 위계 간의 공포 차이는 크지 않는 것이 좋다.

체계적 둔감화는 일상생활에서 겪는 사소한 공포증이나 트라우마^{trauma}에 관한 치료로 쉽게 접할 수 있다. 예를 들어 시험을 앞둔 학생들이 흔히 겪는 시험불안은 체계적 둔감화의 두 번째 단계인

| 거미 공포증에 관한 두려움 위계표 |

행동	두려움 점수
거미에 대해 생각하는 것	10
거미 사진을 보는 것	25
상자 안에 살아 있는 거미를 보는 것	50
거미가 있는 상자를 드는 것	60
책상 위에서 거미가 기어 다니는 것	70
신발 안에서 거미가 기어 다니는 것	80
다리에서 거미가 기어 다니는 것	90
셔츠 소매에 거미가 기어 다니는 것	95
팔에 거미가 기어 다니는 것	100

명상, 심호흡, 근육 이완 등으로 극복할 수 있다.

　심리학에 관해 전문적인 지식을 습득한 학자가 아니더라도, 우리는 체계적 둔감화를 학습하고 인지함으로써 스스로 공포를 극복할 수 있다. 건강하고 주체적인 자기self는 결국 스스로 공포를 극복하고 내면을 강하게 유지하는 역량과 연결되어 있다.

정신장애_
어떻게 정의하고 분류하는가

정신병리의 진단과 분류는 유용한 기능을 제공한다.
진단은 어떤 치료가 가장 효과적일지를 제시할 수 있기 때문이다.
사실 이것이 정신장애 분류 체계의 일반적 목적이다.

어떤 한 사람의 행동을 보고 심리적으로 또는 정신적으로 문제
가 있는 것 같다고 판단할 때, 어떤 기준을 사용하는가? 정신장애
mental disorder의 진단분류를 활용해야 하는 이유는 한 사람의 심리와
행동을 진단명을 통해 치료진 간, 치료자와 환자 또는 보호자 간에
의사소통을 효율적으로 만들기 때문이다. 그리고 개인을 이해하
거나 돕기 위한 중요한 정보를 제공하고, 다양한 정신장애를 명료
하고 체계적으로 이해하고 예후prognosis를 예측하는 데 도움이 되기
때문이다.

이상행동abnormal behavior과 정신장애를 판단하는 대표적인 기준은
다음과 같다.

적응적 기능의 저하 및 손상

'정신적으로 건강한가?'를 판단하는 기준 중의 하나는 자신이 생활하는 환경 내에서 '얼마나 적응을 잘하는가'와 관련이 있다. 일상생활에서 가족이나 주변 사람들과의 관계에서 오해와 갈등, 다툼이 심각할 정도로 잦아져 부정적인 정서 반응과 부적응적인 행동을 보인다면 이를 이상행동으로 간주한다. 그리고 학교생활이나 직업생활에서 수행과 관련해 심각할 정도로 낮은 수행을 보이거나 관계 문제 때문에 함께 생활하기 어려울 정도로 부정적인 정서 반응과 부적응적인 행동을 보인다면 이 또한 이상행동이라고 간주한다.

그렇다고 해서 이상행동을 곧 정신장애라고 단정 지어 말하면 안 된다. 이상행동을 정신장애로 진단하기 위해서는 여러 측면을 종합적으로 충분히 고려해서 진단을 하는 것이므로, 다각적인 관점에서 이상행동을 살펴볼 필요가 있다.

주관적 고통과 불편감

불안이나 우울, 분노, 절망감 등으로 인해 주관적으로 심리적인 고통이나 불편감이 심하다면, 정신적으로 건강하지 않고 문제가 있다고 본다. 정신장애의 진단 및 통계편람 체계에서는 '주관적 고통과 불편감' 역시 정신장애를 판단하는 중요한 기준으로 본다.

주관적인 심리적 고통과 불편감이 부적응 문제와 관련되어 있지만, 이 기준의 문제점은 '어느 정도 심하게 주관적으로 심리적 고통과 불편감을 경험해야 비정상이라고 볼 수 있는가'에 관한 것이다. 개인마다 심리적으로 고통을 느끼고 견디고 표현하는 정도가 다르기 때문에 객관적인 기준을 적용하는 것은 쉽지 않다. 직업적으로나 사회적으로 잘 적응하는 것처럼 보이는 사람들 중에도 과도한 스트레스를 경험하거나 높은 긴장감과 불안감 때문에 심리적인 고통을 호소하는 경우가 있기 때문이다.

문화적 규범으로부터의 일탈

개인이 속한 사회·문화적 규범에 맞지 않거나 일탈된 감정이나 생각, 행동을 보일 때 이상행동으로 규정한다. 문화^{culture}는 사회 구성원들이 오랜 세월에 걸쳐서 이룩한 것이다. 따라서 한 사회 구성원들이 함께 가지는 공통적인 행동 및 사고방식, 가치와 규범들이 포함된다. 그러므로 문화적 요인은 정신건강과 밀접한 관계가 있다. 그렇기 때문에 어떤 진단 기준에 해당되는 행동이라 할지라도 개인이 속한 문화나 집단에서 기대되고 허용되는 행동을 이상행동으로 판단하는 것은 주의해야 한다.

어떤 문화에서는 정상적인 행동이 다른 문화에서는 이상행동으로 간주될 수 있고, 시대에 따라 사회·문화적 규범이 달라지므로 시대와 문화에 따라 상대적으로 적용해야 한다. 즉 정신장애의 진

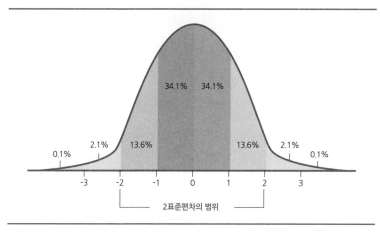

표준정규분포곡선에서의 표준편차

34.1%　34.1%

0.1%　2.1%　13.6%　13.6%　2.1%　0.1%

-3　-2　-1　0　1　2　3

2표준편차의 범위

단 및 통계편람 체계에서도 정신장애를 정의하는 데 있어서 문화적 요소를 고려해야 한다.

통계적 규준으로부터의 일탈

통계적 규준으로부터의 일탈은 개인의 행동이 타인의 평균적인 행동에 비해 매우 일탈되어 있을 때를 말한다. 그림 〈표준정규분포곡선에서의 표준편차〉에서 보듯이, 대개 평균치로부터 2표준편차 이상 일탈되어 있을 때 이상행동으로 규정한다.

통계 기준을 적용하려면 인간의 모든 심리적·행동적 특성을 측정하고 평균과 표준편차를 산출해야 한다. 그런데 이는 사실상 불가능하기 때문에 일반적인 정규분포곡선이 아닌 표준정규분포곡선으로 변환해 사용한다. 즉 이 과정은 Z 점수를 통해서 정규분포를 평균은 0이고 표준편차가 1로 변환한 표준정규분포를 사용하는 것을 의미한다. Z 점수는 0을 기준으로 -3, -2, -1, 0, +1, +2, +3의 범위로 표현된다.

이 기준에 맞는 대표적인 심리검사가 객관적 심리진단 검사인 다면적 인성검사$^{MMPI-2}$와 성격평가질문지^{PAI}다. 2표준편차 이상 일탈되는 경우, 이상행동으로 판별하는 기준을 통해 검사 결과값을 활용하고 있다.

진단의 또 다른 이점

진단에는 몇 가지 이점이 더 있다. 첫째, 진단은 의사소통을 원활하게 만든다. 범불안장애에 관해 논의할 때 환자에 관한 다른 정보가 없어도 즉각적으로 그의 증상을 떠올릴 수 있다. 그렇기 때문에 정신장애 진단체계는 의사소통시 유용하다.

둘째, 진단을 활용하는 것은 정신병리에 관한 경험적 연구를 가능하게 하고 증진시킨다. 연구자들은 성격 특성, 심리검사 수행, 실험과제 수행에서 객관적인 연구 결과를 제시할 수 있다. 이뿐만 아니라 진단적 구성 개념이 정의되고 기술되는 방식은 장애의 개인적 기준, 대안적 준거 세트, 장애 간 공병률(동시 발생)과 예후에 관한 연구를 자극할 것이다.

셋째, 표준화된 진단체계 없이는 이상행동의 원인과 치료법에 관한 연구를 수행할 수 없다. 정신병리의 원인을 밝혀내고 효과적인 치료법을 개발하기 위해서는 정신병리의 진단 및 분류가 선행되어야 하기 때문이다.

이 청년은 현재 어떤 어려움을 겪고 있는가?

대학에 재학중인 20세 M학생은 수업 때 제대로 발표하기가 힘들다며 교내 학교생활상담센터를 방문했다. 그는 수업에 몰입하기 위해서 예습과 복습도 열심히 하지만, 발표 과목은 불안한 마음이 들어서 수업에 몰입하기 힘들다고 했다. 다른 학생들처럼 발표를 잘하고 싶지만, 제대로 발표하지 못해 힘들어했고, 발표결과도 좋지 못했다.

사람들과 말하는 것도 힘들어서 친한 친구도 거의 없었다. 그와 친해지기가 어려워서 사람들이 먼저 그를 떠나거나 친해지고 싶은 친구와 얘기를 나누고 싶어도 얼굴이 빨개지거나 목소리가 떨려서 제대로 말할 수가 없었다.

M학생은 자신이 어릴 적부터 수줍음이 많고 내성적이어서 사람들 앞에 나서는 일이 부끄러웠다. 중학교 시절 발표중에 목소리가 작다고 선생님께 혼난 적이 여러 번 있었다. 그런 이유 때문에 고등학교 때까지 수업 시간에 발표를 거의 하지 않으려고 했다. 지금은 상황이 예전보다 더 나빠져서 더 위축되고 목소리가 나오지 않아 제대로 발표를 할 수가 없었다.

M학생이 보이는 증상에 대한 진단 결과, M학생은 '사회불안장애'를 겪고 있었다.

진단기준_정신장애의
진단 및 통계 편람, DSM

> 미국정신의학회에서 개발한 DSM은 각 정신장애를 정의하는
> 증상들로 구성된 진단 기준에 입각해, 그 기준을 만족시킬 경우에
> 특정 정신장애로 진단하는 범주적인 분류 체계다.

정신장애의 진단 및 통계편람$^{DSM; Diagnosis\ and\ statistical\ manual\ of\ mental}$
^{disorder} 진단체계는 미국정신의학회^{APA}에 의해서 각각의 정신장애를
정의하는 증상들로 구성된 진단 기준에 입각해 그 기준을 만족시킬
경우에 특정 정신장애로 진단하는 범주적인 분류$^{categorical\ classification}$ 체
계다.

DSM은 국제보건기구(World Health Organization, 이하 WHO)의 국
제질병분류(International Classification Disease, 이하 ICD)와 함께 세계
적으로 널리 사용되고 있는 정신장애 진단 분류 체계다. 2013년에
는 다섯 번째로 개정된 DSM-5가 출간되었다.

이 진단체계는 특정 장애의 본질적인 특성들을 기술하는 것부터

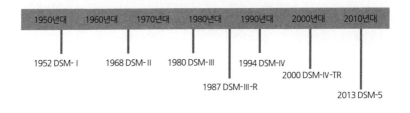

DSM의 개별 역사

1950년대	1960년대	1970년대	1980년대	1990년대	2000년대	2010년대

1952 DSM- I 1968 DSM- II 1980 DSM-III 1994 DSM-IV 2000 DSM-IV-TR

1987 DSM-III-R

2013 DSM-5

시작되었다.

그 이후에 DSM은 새로운 버전으로 출시되면서 각 장애별로 진단 기준이 구체적으로 명확하게 제시되어 있고, 감별진단을 위한 지침도 자세히 제공되어 임상가 간의 진단 일치를 높이고 있다.

그림 〈DSM의 개별 역사〉에서 보듯이, DSM의 개발 연도를 확인할 수 있다.

DSM-I(1952)과 DSM-II(1968)

DSM은 의학적 질병 모형을 따르고 있다. DSM은 크레펠린 Kraepelin의 정신의학분류법에서 유래되었다. 상당히 유사한 양상을 보이는 환자집단을 대상으로 과학적 연구를 진행해 특정장애의 증상, 징후, 생애경과를 도출하는 기술적 작업을 통해서 이루어졌다. 처음으로 정신장애를 분류하고자 한 시도는 미국정신의학회에 의해 1952년 정신장애의 진단 및 통계편람(DSM-I)이 출판된 것이다.

DSM-I에는 100개 이상의 정신장애가 수록되었고, DSM-II에는 11개 영역의 180개 이상의 정신장애가 수록되었다. DSM-II는 불안장애, 우울장애, 성격장애 부분이 DSM-I에 비해 확장되었다. 그 기준은 대부분 성인이 기준이었다.

DSM-III(1980)

DSM-III에서는 정신역동을 근간으로 하는 DSM-II로부터 급진적인 변화를 시도했다. 그리고 각 정신장애를 더욱 구체적이고 다양하게 범주화했다. 정신장애에 관한 병인론에서 중립적인 진단 준거를 제시했고, 진단체계의 임상적 유용성을 강조했다. 이에 더해 경험적인 연구를 통해 밝혀진 전형적인 인구통계학적 특성이나 감별진단, 장애의 발병이나 경과 등에 관해서도 상세하게 명시했다.

DSM-III에서는 개별 환자들에게서 공통적으로 나타나는 증상들을 군cluster으로 묶어 증후군으로 보았다. 이를 통해 환자들을 진단·분류함으로써 과학적 연구가 가능하고, 나아가 연구 결과를 축적해 임상적 지식을 체계적으로 정리하고 소개했다. DSM-III는 다축진단체계를 도입해 정신장애를 체계적으로 진단할 수 있도록 했다.

1987년에는 새로운 연구결과들을 갱신해 진단기준을 개정한 DSM-III-R이 출판되었다. DSM-III의 다축체계나 진단 기준의

사용, 정신장애의 주요 구성을 유지하며 수면장애와 흡입제 남용·
의존·중독과 같은 새로운 진단범주가 추가되었다.

DSM-Ⅳ(1994)

DSM-Ⅳ는 DSM-Ⅲ와 마찬가지로 다축진단체계와 기술적인
접근법을 채택했다. DSM-Ⅲ에서 제시된 의문점에 관한 경험적
증거들을 보완하고, 2000년에 문헌 및 현장연구를 포함한 경험적
연구결과들을 갱신해 DSM-Ⅳ-TR^{Text Revision}이 출판되었다.

DSM-Ⅳ의 다축진단체계는 다음과 같다.

- 축 I: 임상적 장애^{clinical disorder} 및 임상적 주의를 필요로 하는
  상태
- 축Ⅱ: 성격장애 및 정신지체
- 축Ⅲ: 일반적인 의학적 상태
- 축Ⅳ: 심리사회적 및 환경적 문제
- 축Ⅴ: 전반적 기능평가 척도^{GAF; Global Assessment Functioning}

DSM-Ⅳ의 진단기준에 장애와 관련된 특징에 관한 정보, 연령,
성별, 장애의 예상되는 경과, 유병률, 가족 양상 등에 관한 내용이
추가되었다.

DSM-5(2013)

DSM-5에서의 변화는 DSM-Ⅲ와 DSM-Ⅳ의 다축체계를 폐기 했다는 점이다. 특정 장애의 진단기준을 모두 충족시키지 못하고 몇 가지 기준만을 충족하는 경우에는 '달리 분류되지 않은NOS; Not Otherwise Specified'이라는 진단을 '달리 명시된other specified' 또는 '명시되 지 않는unspecified'으로 변경했다.

DSM 자체는 범주적 진단분류 체계이지만 차원적 접근이 더 유 용한 장애나 증상에 관해 차원적 개념을 도입했다. 그래서 진단명 에서 '~스펙트럼spectrum''~관련related'으로 재정비해 장애들의 경계 선을 없애고자 했다.

DSM-5에서는 주요우울장애에서 불안증이 동반된 경우에 이에 관해 진단명을 명시할 때, '주요우울장애, 불안증 동반'이라고 정 신과적 증상을 명시자로 적을 수 있도록 했다.

현재 DSM-5는 160개 범주의 541개 진단 기준으로 구성되어 있다. DSM-5는 최신의 신경생물학적 연구 결과를 반영해 과거 DSM-Ⅳ에서 문제점으로 지적되어 왔던 높은 공병률을 개선하고 자 노력했다.

또한 진단과 관련된 생애 전반의 발달적 주제들을 진단에 포함 시켜서 신경인지장애와 신경발달장애를 독립시켰고, 아동에게만 적용할 수 있는 특정 진단기준을 세부적으로 제공했다.

DSM-5 진단 기준

- 신경발달장애
- 조현병 스펙트럼 및 기타 정신병적 장애
- 양극성 및 관련 장애
- 우울장애
- 불안장애
- 강박 및 관련 장애

- 외상 및 스트레스 관련 장애
- 해리장애
- 신체증상 및 관련 장애
- 급식 및 섭식 장애
- 배설장애
- 수면–각성장애
- 성기능부전
- 성별 불쾌감
- 파괴적, 충동조절 및 품행장애
- 물질관련 및 중독 장애
- 신경인지장애
- 성격장애
- 변태성욕장애
- 기타 정신질환
- 약물로 유발된 운동장애 및 약물치료의 기타 부작용
- 임상적 주의의 초점이 될 수 있는 기타의 상태

찾아보기

학자

용어

■ 독자 여러분의 소중한 원고를 기다립니다 ────────

메이트북스는 독자 여러분의 소중한 원고를 기다리고 있습니다. 집필을 끝냈거나 집필중인 원고가 있으신 분은 khg0109@hanmail.net으로 원고의 간단한 기획의도와 개요, 연락처 등과 함께 보내주시면 최대한 빨리 검토한 후에 연락드리겠습니다. 머뭇거리지 마시고 언제라도 메이트북스의 문을 두드리시면 반갑게 맞이하겠습니다.

■ 메이트북스 SNS는 보물창고입니다 ────────

메이트북스 유튜브 bit.ly/2qXrcUb

활발하게 업로드되는 저자의 인터뷰, 책 소개 동영상을 통해 책에서는 접할 수 없었던 입체적인 정보들을 경험하실 수 있습니다.

메이트북스 블로그 blog.naver.com/1n1media

1분 전문가 칼럼, 화제의 책, 화제의 동영상 등 독자 여러분을 위해 다양한 콘텐츠를 매일 올리고 있습니다.

메이트북스 네이버 포스트 post.naver.com/1n1media

도서 내용을 재구성해 만든 블로그형, 카드뉴스형 포스트를 통해 유익하고 통찰력 있는 정보들을 경험하실 수 있습니다.

STEP 1. 네이버 검색창 옆의 카메라 모양 아이콘을 누르세요.   STEP 2. 스마트렌즈를 통해 각 QR코드를 스캔하시면 됩니다.
STEP 3. 팝업창을 누르시면 메이트북스의 SNS가 나옵니다.